〈ほんとうの自分〉のつくり方

自己物語の心理学

榎本博明

講談社現代新書

はじめに

僕たちは今、迷い多き時代を生きている。多くの若者が、自分らしい生き方を定めることができずに、社会を浮遊している。自分を社会につなぐことができずに引きこもる若者も増えている。いや、若者ばかりではない。一応社会的に肩書きを得ている中高年層でも、自分らしさへの欲求が頭をもたげ、それと現実の社会的役割との折り合いをどうつけるかで悩むといったケースが少なくない。

自分らしく生きたい。それはだれもが思うことではないだろうか。「自分とは何か？」「自分はどう生きるべきなのだろうか？」などと、いかにも哲学してるといった顔で問うことはなくても、どこかでみんな自分らしい生き方へのこだわりをもっているものだ。

僕たちは、言葉のために生きていると言ってもよいかもしれない。自分らしさをあらわす言葉、つまり自己定義を守るために生きているようなところがある。「こんな自分でありたい」といったこだわりがどこかにある。

だから、こうしたほうが楽だ、こっちのほうが得するはずだとわかってはいても、あえて苦しい道を、損する行動を選択することがある。潔《いさぎよ》さや正義感を身上とする人は、その主義に反することをすれば事態が好転するとはわかっていても、それはできない。

僕たちが必死に守ろうとする自分らしさ、自分にふさわしい生き方というのは、何もかっこいいものにかぎらない。情けない自分、だらしない自分といった自己定義からそれてはいけないとでも思い込んでいるかのように、怠惰な行動や非行を繰り返す人がいる。

落ちこぼれという自己定義を抱える人は、「どうせ私なんか……」との居直りから、眠いのを我慢して宿題を片づけるなどということはせず、きつい試験勉強など即座にあきらめ、堂々と悪い成績をとることができる。自分はワルだといった自己定義を抱える人は、「どうせ俺は手に負えないワルさ。それが悪いか」とでも言っているかのように、万引きや恐喝といった非行を重ねることで、自己定義の正しさを証明していこうとする。

模範的すぎる「自分らしさ」に縛られて苦しい思いをしている人も、情けない「自分らしさ」に引きずられて苦い思いをしている人も、自分らしさの定義をちょっと変えることで、きっと楽になれるはずだ。では、どうすればよいのか。それを自己物語の心理学の視点から考えてみることにしたい。

自己物語の心理学とは、人はだれもが物語的文脈を生きており、その物語的文脈に沿って目の前の現実を解釈し、日々の行動のとり方を決定し、また自分の過去を回想し、自分の未来を予想するという立場をさす。

同じ出来事を経験しても、希望に満ちた前向きの文脈のもとに置かれたときと、悲観的な後ろ向きの文脈のもとに置かれたときとでは、その経験のもつ意味はまるで違ってくる。採用している物語的文脈がその人らしい人生を導いているのだから、ある人物の「その人らしさ」を知るには、その人の生き方を導いている物語、つまり自己物語をつかめばよいということになる。

窮屈な自己物語をちょっとゆるめたい、情けない自己物語からなんとか抜け出したいというようなときには、自己物語を書き換えていくことが必要だ。でも、多くの人は、自分がどのような自己物語を生きているのかがつかめないでいる。だから、自分がわからないということになる。

気怠《けだる》さの中、毎日が空しく過ぎていく、生きている実感がほしい、自分の人生の意味がわからない、何のために生きているのかわからない。そんな訴えをする人たちは、日々の生活に意味を感じさせてくれる言葉あるいは筋書きを求めているのだ。

では、そうした自分らしさ、言い換えれば自分なりに納得のいく自己物語を、僕たちはどのようにして手に入れるのだろうか。以下の本文を通して、一緒に考えていきたい。

目次

1章

自分がわからない——物語不在の時代

1 「自分さがし」の時代

「自分さがし」はもう古い？

自分さがしの本やセミナーの類が巷《ちまた》にあふれたせいか、自分さがしはもう古いという声もある。だが、自分というのは永遠のテーマであって、そんな簡単に決着をつけられるような柔《やわ》なしろものではない。

自己啓発や自己への気づきをうながすためのセミナーの類が相変わらず人気を集めたり、自分がつかみきれずにカウンセリングに頼る人々が急増していることが、自分さがしが今なお多くの人々を悩ませ、また惹《ひ》きつけるテーマであることを示している。

カウンセリングの事例を見ても、自分がよくつかめないために悩んだり、対人関係や仕事・学業生活に支障をきたすケースが相変わらず目立つ。不登校や引きこもりの増加や少年犯罪が話題になっているが、これも自分がつかめないことによる不安や焦りが蔓延《まんえん》していることと無関係ではないだろう。

自分さがしの途上で路頭に迷っているのは、今や若者だけではない。四〇にして惑わずなどと言われた時代もあったが、今では人生の折り返し点という意味でのターニング・ポイントをどう乗り切るか、人生の後半に向けてどのように自分の態勢を整えていくかが重大な課題となっている。

さまよえる青年を模して、さまよえる中年と言っても、今やだれも違和感をもたないのではないか。子どもが独立し、職場で定年退職を迎える六〇歳後も、それまで自分の支えとなってきた社会的役割を脱ぎ捨てて、老年期に向けてどんな自分の形をとるかを決めなければならないという意味で、大きな危機となる。

「こう生きるべき」という枠組みが見えない

ところで、こうした迷いや悩みがなぜ生じるのかと言えば、それは個人を有無を言わさずに方向づけてくれる「こう生きるべき」といった枠組みが崩れてきたからに違いない。個人の一生を方向づける物語的文脈の強制力がゆるみ、自由度が高まったということだ。

だけど、僕たちは、何らかの物語的文脈の中に身を置かずにはいられない。そうしないことには、自分の形が定まらないために、心の安定が得られない。ステージの幕がすでに上がっているのに、役柄がまだ決まらず舞台の上でおろおろする役者のようなものだ。

僕たちは、つねに物語を求めている。何か世を騒がす事件が起こると、テレビに釘づけになる。重大な場面に立ち会っているような気がして、緊張感が全身を貫く。暴動事件でも、誘拐事件でも、戦争でも、どんな事件にも発端があり、展開がある。今後さらにどのように展開していくのか、目を離せない。どんな背景があってこんなことになったのかも興味がつきない。もちろん、興味本位というのでなく、事件で傷ついた人たちに対する同情がこみ上げ、涙することもある。

だが、そこには大変な局面に立ち会った者だけが味わう、ある種の充実感がある。久しぶりの充実感。それは、大きな意味のある物語的文脈の中に身を置くことによって生じる充実感と言えるのではないか。

しかし、ふと我に返ると、そこには全身が弛緩《しかん》した自分がいる。自分を貫く意味のある流れがない。自分を動かす物語的文脈が感じられない。今、多くの人々を悩ませているのは、この自分を動かす物語的文脈の欠如なのではないだろうか。物語的文脈が欠けているために、人生の意味が見えてこない。日々の生活に意味が感じられないのだ。

生きがいが見つからない……

電話が鳴る。

「はい、もしもし」

「やあ、エノモト、何してる?」

「いやあ、べつに……。何か面白いことあったの?」

「いや。面白いことがあったら、こんな電話してるかよ」

「そりゃ、そうだ。なんか、ほんとにだるいよなあ」

「明日、どうする?」

「明日? 何かあったっけ?」

「いや、ないから聞いたんだ」

「うん。何かしないと……」

学生の頃、親友との間によくこんなやりとりがあったものだ。貧しい下宿生活の中、電話代だけは豪華に月々数万円使っていた。今のような電話世代ではないし、その当時としては珍しい電話中毒だったのではないか。日々の生活に張りを与えてくれる物語的文脈の不在は、すでに四半世紀前から僕たち若い世代を悩ましたものだった。僕たちは、モラトリアム世代と呼ばれた。

その後、「自分とは何か？」とか「どう生きるべきか？」のように、深刻ぶって考えず、軽いノリでささいな日常を楽しむ世代が主流となった。アイデンティティなんてどうでもいい、とでも言いたげに、深く考えることなく、その時々でやりたいことをして楽しんでいる今風の若者たち。

でも、そんな若者でも、今の自分に満足しているわけではない。表現の仕方は人によってさまざまだが、こんな生活はほんとうの自分のものではない、何かしなくては、いつかほんとうの自分らしい生き方を見つけなくては、のような思いを胸に秘めているものだ。

「何とかしないと」とは思うのだけど……

カウンセリングには、不登校や引きこもり、うつ病といった深刻な悩みを抱えてやってくる人もいるが、毎日が充実しない、生きがいが見つからないといった大事な問題ではあるけれども多くの人が感じているごく日常的な悩みを抱えてくる人もたくさんいる。

ある女子学生は、目標のない方向性を失った生活の中にいる苦しさをつぎのように訴える。

「受験までははっきりとした目標があって、今思えば充実していたんだなって思います。目標に向かって生活が秩序づけられていました。でも、大学に入ってからは、部活をしたり友だちと飲み歩いたりする怠惰な日々が続くばかりで……」

「目標喪失状態っていうのかな、何にもする気がしないし、何をすべきかもわからない、充実とはまったく無縁の生活の中で、倦怠感《けんたいかん》がものすごくって、身体までがだるくってしようがないっていう感じで……」

「何も考えないで、ただ反射的に生きている瞬間のほうが多いんですけど、時々ひとりになって自分と向き合うとき、こんな方向性の見えない生活がいつまで続くんだろうって、ふと不安になるんです。……みんなでいるときの様子を見ている人がいるとすれば、楽しそうに遊び暮らしている軽めの大学生に見えると思うんですけど、ひとりになるとものすごく重たい瞬間に襲われることがあるんです」

「これではいけない、なんとか生活を立て直さないと、なんてちょっと真剣に思ったりもするんですけど、どうしても流されてしまう」

今の生活に意味が見出せないという男子学生三人も、それぞれの言い回しで、自分が置かれている苦境をつぎのように訴える。

「授業に出ていても、何のためにやっているのかわからない。自分が前進している気がしないんです。このまま惰性でなんとなく学校に通っていても意味がない。いっそのこと、思い切って退学して働いたほうが充実するようにも思うんですけど、なかなか思い切れなくて……」

「半年くらい前から、休学しながら会社でバイトして、上司からずいぶん頼りにされていて、このまま採用してやろうかといった話も出たりします。毎日が充実しているし、仕事にも自信がついてきたんですけど、正社員になるのに卒業しておいたほうがよいのかどうかでこのところ悩んでいるんです。

卒業するには、また意味の感じられない単位集めにも精を出さなくてはならないし、そうなると以前の意味の感じられない惰性の日々に戻らなければならないし……」

「大学がつまらない。まわりの学生たちを見ても、活気がないというか、エネルギーが感じられないじゃないですか。自分もエネルギーを枯らさないように気をつけなくちゃって思うんですけど。

で、この前、宮崎駿《みやざきはやお》のアニメを見て感動しちゃって、アニメにかかわる仕事に就きたいと思うようになったんです。そのために、大学はやめて専門学校に行きたいと思うんですけど。でも、将来像がはっきり見えてこないし、大学をやめる決心がなかなかつきません。

このまま大学生活を続けてもしようがないと思うし、そんなごまかしだけの生活は絶対に嫌なんですけど、将来何になれるかがわからないし、展望がもてないので、どうしても不安が先に立って、身動きがとれなくなってしまうんです」

どの悩みをみても、結局のところ、自分を生き生きさせてくれる物語的文脈が見つからないことが、その根元にあるといえる。

「自分さがし」は、束の間の安らぎ

「ほんとうの自分」に出会うためのハウ・ツー本に群がる人たちがいる。その気持ちは僕もよくわかる。

だが、この手の本を中毒症状のように読みあさる人たちがいるということは、そんなハウ・ツーを仕込んだところで「ほんとうの自分」などというものにはなかなか手が届かないことの証明となってはいないか。そもそも「ほんとうの自分」という言い方には、どこかいかがわしさが漂《ただよ》っている。

今の自分の生活に満足できない、なんか充実感がない、もっと生きているといった実感がほしい。そうした思いは多くの人が抱えているものだ。そう思うのなら、まずは動いてみることだ、などとよく言われる。もちろん、そこで充実に向けて一歩踏み出すことができればよいのだが、人間というのはどうも惰性に流される。生活を変えるというのは、非常に大きなエネルギーを要することなのだ。

だいいち、どう変えたら自分の日々の生活に張りが出てくるのかわからない。それに、試しに何かをしてみたからといって、いきなり充実し始めるなどということは、めったにない。生活の充実というものは、そんな手軽に手に入れられるものではない。充実にたどり着くまでには、地道な努力の積み重ねを必要とするのがふつうだ。そこに根気が必要とされる。だが、自分にあったものかどうかわからないのに、地道な努力を積み重ねていく気力はなかなか湧かない。

どうもパッとしない。このままでは自分の人生という感じがしない。そうかといって、どう動いたらよいのかわからない。そんな混乱と不安の中にある人にとって、「どこかにほんとうの自分があるはず」「いつかほんとうの自分にきっと出会えるはず」と思うことは、ある種の救いとなる。

今はとりあえず納得のいかない日々を送ってはいるものの、これはほんとうの自分のあり方ではない、自分はこんなものではない、いつかもっと自分らしい生活に出会えるはず。今の自分にふと物足りなさや疑問を感じるときに、そのように考えることで、現実逃避的な安らぎが得られる。「ま、とりあえず今は、これでいいか」と安易な姿勢に安住し続けるときの口実に使える。

惰性に流される自分、意欲の乏しい自分、意志の弱い自分、取り立てて誇れる能力のない自分、情けない自分、思い通りにならない自分、持てあまし気味の自分。こういったものは、どれもほんとうの自分ではないのだ。そう思い込むことで、気持ちが軽くなる。何かが変わるわけではないけれど、束の間の安らぎが得られる。

このように、どこかに「ほんとうの自分」があるはずといった自分さがしの物語は、充実した生活を組み立てるのが難しい多くの人たちにとって、ひとつの救済装置として機能しているわけだ。けれども、こういった自分さがしの物語に安住しているかぎり、自分らしい生活や充実した日々を手に入れることはできない。やはり、今ここで動き出さないかぎり、何も変わっていかない。

このままただ流れに身を任せているだけで、いつか突然「ほんとうの自分」にめぐり会える。そんな妖しげな魅力を放つ物語から抜け出して、今ここで自分づくりのための動きを起こすことが大切なのだ。

「自分もいつかは」が見えにくい時代

いつか「ほんとうの自分」にめぐり会えるはず。だから、今のところは何か物足りないけど、まあいいか。そんな感じでごまかしていては、自分の中に何ら建設的な変化を期待することはできない。けれども、現実逃避的な安らぎが得られるということはある。その意味では、ある種の救いになっているわけだ。

しかし、このところそうした幻想がもちにくくなっているということがないだろうか。「ほんとうの自分」が「どこかにあるはず」といった希望的観測よりも、「自分がどこにもない」「自分がどうにも見つからない」と絶望的な思いにとらわれ、悲壮感や焦りを生じるような時代の空気が強まっているような気がする。

今生きている自分よりもっとすばらしい「ほんとうの自分」が「どこかにあるはず」、「いつかめぐり会えるはず」のように希望がもてれば、現実にさえない生活を送っており、情けない自分に直面せざるを得なくても、何とか凌《しの》いでいくこともできるだろう。だが、そうした希望がもてないとき、今現に生きている空虚な生活、そうした日常に埋もれているさえない自分がすべてということになる。いつかそこから抜け出して自分が輝き出すときがきっとくる。そういった希望的観測が成り立たない。

そんな心理状況の中、自分の中の衝動が露出しやすくなる。キレるというのも、そうした閉塞感《へいそくかん》によるところが大きいのではないか。自分が空虚だとか、空白だとか、空っぽだとかいったセリフも目立つが、こうした感覚も、どこかにもっと充実した「ほんとうの自分」があって、いつかこの虚しい生活から抜け出すことができるといった希望がもてれば、適当にやり過ごすこともできるだろう。しかし、そのような希望がもてないとき、自暴自棄な行動につながりやすい。

2　アイデンティティを支える物語

アイデンティティとは、生きる方向性

やはり肯定的に自分の姿を描けないことには、気持ちは落ち着かない。自分さがしというのも、肯定できる自分、「あ、いいな」と思える自分をさがし求めるのだ。みすぼらしい自分しか見えてこないときは、さらなる自分さがしの旅が続くことになる。

もちろん、文句なく肯定できる理想的な自分像を描ける人など、めったにいるものではない。意志が弱くてすぐに安易な方向に流されそうになる自分、レギュラーをとりたいのにいつまでも控え選手に甘んじている自分、英会話が苦手でいくらがんばってもなかなかしゃべれるようになれない自分。そんな自分を情けなく思いつつも、「これではいけない」「なんとかしなくちゃ」と内省する向上心のある自分を肯定することはできるだろう。「ま

あ、いいか」といった感じの消極的な自己受容でも、とりあえずはよしとしなければならない。

「自分はこういう人間だ」といった特徴が明確に描かれたとき、アイデンティティが確立された、つまり自己定義がはっきりと定まったとみなされる。でも、自分の形がそんなにはっきり、かつ詳細に描けるはずがない。実際には、方向性だけでも描ければそれでよいのだ。人は、日々の生活の中で具体的な行動をとる際に、そうした方向性にできるかぎり則《のっと》っていこうとする。

たとえば、優しい自分というアイデンティティをもっている人は、困っている人を見かけると放っておけなくなる。困っている人に援助の手を差し延べなかったら、自己定義を裏切ることになる。それでは自分のアイデンティティが崩れてしまう。

正義感の強い自分というアイデンティティをもつ人は、みんなが弱い者いじめをしているのを見過ごすことができない。そんなことをしたら、自分のアイデンティティを否定することになる。いじめを制止することで自分の身にも危険が及ぶ恐れを感じたとしても、黙って見過ごすわけにはいかない。

反逆者としての自分というアイデンティティをもつ人は、権力をちらつかせて理不尽な要求をされた場合、たとえ相手が上司であろうが、自分の地位を脅かすことになろうが、要求をはねのけ、自分の立場の正当性を強く主張していくことになるだろう。

のんきで穏やかな自分といったアイデンティティをもつ人は、何ごとにもムキにならず、あくまでもマイペースを貫き、ゆったりとした生活を維持しようとするだろう。

不屈の闘争者としての自分というアイデンティティをもつ人は、逆境に追い込まれれば追い込まれるほど力を発揮し、へこたれるどころかむしろエネルギーをもらったかのごとく生き生きとしてきたりする。

アイデンティティが定まることで、生きる方向性が見えてくる。こうすれば自分の日々の生活を意味あるものにしていける、といった方向性が見えてくる。アイデンティティというのは、いわば日々の生活態度や行動を貫くバックボーンだ。僕たちは、自分のアイデンティティを確認できるように行動を選択し、そうすることによって心の安定を得ることができるのだ。


「ドン・キホーテの原理」

ところで、ドン・キホーテの物語をご存知だろうか。スペインの作家セルバンテスの有名な小説だが、その主人公は、ある物語を読んで、その登場人物に自分を重ね合わせることで、自らのアイデンティティを構築する。

スペインのラ・マンチャに住むアロンソ・キハーノは、騎士道物語を読みふけっているうちに、騎士道にとりつかれ、その物語的文脈にしたがって生きる決意をする。そして、自ら「騎士ドン・キホーテ」と名乗り、騎士道に則って、この世の不正をただし、弱きを助ける冒険の旅に出ることになる。

ドン・キホーテの生き方は、いかにも単純で滑稽なものとして引き合いに出されることが多い。しかし、だれの人生にもそうした一面があるのではないだろうか。

僕たちは、いったいどれほど独自な人生を歩んでいると言えるのだろうか。自分自身の人生を生きているつもりでありながら、じつは既存の物語を生きているということがないだろうか。幼い頃から僕たちの心の中に取り入れられ、そのエッセンスが吸収され、僕たちの人生の物語的文脈を方向づけているような、種々の物語というのがあるのではないだろうか。

「ドン・キホーテの原理」と言われるものは、ドン・キホーテのように、物語を読んでその登場人物の生き方を取り入れることで自らのアイデンティティを構築し、それに基づいた行動をとるようになる僕たちの性質をさしている。読者は、まず物語の参加者として物語の中に巻き込まれ、主要な登場人物の一人に自分を重ね合わせる。そして、物語を読みながらその登場人物の役割を想像の中で演じる。そうこうしているうちに、その登場人物のアイデンティティが読者の中に取り入れられ、いつの間にか読者の実生活を導く原理となっている。

物語を取り入れる媒体は、書物にかぎらない。スポーツ選手や人気アーティストの物語を雑誌や新聞で読んだり、テレビで見たりすることで、その生きざまをひとつの物語として取り入れるというのも、よくあることだ。だれかに自分を重ね、その人物のアイデンティティを取り込むことで自らの行動原理を確立し、自分自身のアイデンティティとする。そうしたことは、だれもが経験していることであるはずだ。

「ウェルテル効果」

自殺の連鎖反応を説明するものとして、「ウェルテル効果」というのがある。ウェルテル効果とは、自殺者の物語によって自殺が誘発されることをさす。この場合の物語というのは、小説のような物語でもよいし、事件を報道する新聞記事から汲み取れる実在の人物の生き方にみられる物語性でもよい。

ウェルテル効果のそもそもの起源は、一八世紀後半に出版された文豪ゲーテの『若きウェルテルの悩み』が広く読まれ、その主人公の青年の自殺に共感した若者の自殺がヨーロッパ中で多発した現象にある。そこには、高尚さやヒロイズムの雰囲気さえ漂っていた。

典型的な自殺は、ブーツに青い燕尾服、黄色のベストといったウェルテルを真似たコスチュームで、ピストルを目のすぐ上にあてるという、これまたウェルテル風のやり方で遂行された。この本を抱いて自殺する若者が続出するに至って、イタリア、デンマーク、ドイツなどでは、一時出版禁止の措置さえとられるほどだった。

ウェルテル効果の日本版としては、一九〇三（明治三六）年に「人生は不可解である」とする遺書を残して、日光の華厳の滝に身を投じた旧制第一高等学校生藤村操《ふじむらみさお》の自殺による若者の自殺志向の伝染がある。このニュースが大衆化し始めた新聞によって大々的に報じられたことで、これを真似る若者が続出し、日光の華厳の滝は一躍自殺の名所として名を馳《は》せることとなった。一九〇三年から一九一一年の間に、この滝に身を投げて自殺した者および自殺未遂で保護された者の数は、じつに二〇〇名を超えたという。

伊豆大島の三原山も自殺の名所として知られている。一九三三（昭和八）年に、自殺を望む友だちを三原山の火口まで手引きした女子学生のことが報道されたのをきっかけに、三原山で自殺が流行し、その年に三原山で自殺を図った者は、なんと五〇〇名を超えたという。

アイデンティティは物語として保持される

ドン・キホーテの原理やウェルテル効果のように、ある人物の演じた物語をそのまま真似るというのではなくても、僕たちには自分の人生をある物語的文脈に沿って綴《つづ》るといった習性がある。

たとえば、激しい家庭内暴力を起こしたある高校生の事例をみると、勉強がよくできる優等生、難関高校から有名大学に進み、明るい将来が保証されているエリートとしての人生を歩んでいる自分という自己物語を生きていたであろうことが、明らかにうかがえる。

小学校時代はこの自己物語にふさわしい現実を生きていたけれども、優秀な子ばかりが集まる中学に進んでからは、優等生としての自己物語と矛盾する試験結果を突きつけられる機会が増えてきた。それでも、はじめのうちは、今回は運が悪かった、勉強が足りなかった、体調が悪くて気分がのらなかったなどと、ごまかしごまかし自己物語を維持することもできた。でも、高校に上がって成績がさらに低下してくると、どうにも言い訳ができない状況に追い込まれてしまった。

こうなると、優秀なエリートとしての人生を歩む自分という自己物語は、目の前の現実に対処する力を失って、ついには破綻《はたん》する。自らの行動を方向づける自己物語を失った者は、現実を前になすすべなく混乱するばかりとなる。

ある一定の文脈のもとでは納得のいく意味をもっていたはずの、過去の一連の流れをもった出来事群が、無意味な出来事のただの羅列と化してしまう。優秀なエリートとしての自己物語を生きていたときには確かな意味をもっていた小学校時代の夏休みの勉強の特訓も、今やその意味がわからなくなってしまった。そこで、みんなが楽しく遊んでいるのに塾に通い続けた自分の夏休みは何だったんだ、僕の夏休みを返してくれと親に迫り、暴力を振るうことになる。

僕たちは、自分の生きる物語、つまり自己物語の文脈に沿って、ものごとを解釈し、自分の身のまわりの出来事や自分自身の経験を意味づけ、自らのとるべき行動を決定していく。一定の物語的枠組みがあるからこそ、僕たちは日々の出来事を意味あるものとして経験することができるのだ。

身のまわりの出来事や自身の経験を意味づける枠組みとして機能する自己物語をもつことで、僕たちの世界は安定する。一定の文脈をもつ自己物語のおかげで、日頃の行動にも比較的安定した一貫性が与えられることになる。

自己物語がない——アイデンティティ拡散

逆に、そうした物語的枠組みが失われると、身のまわりで起こっている出来事や自分自身の経験をすくい取り、意味づけることができなくなってしまう。出来事や経験を意味あるものへとまとめ上げていく求心力が欠けるために、個々の出来事や経験がバラバラに浮遊した状態となる。日々の生活に意味が感じられない気怠さに包まれるのも、そのような状態のときだ。

自分がだれかわからない状態を「アイデンティティ拡散」という。自己物語としてのアイデンティティという観点からすれば、アイデンティティの拡散というのは、まさにそうした自己物語をもつことのできない状態をさすと見ることができる。

物語的文脈があれば、自分の経験に意味を与えることができるし、数ある行動の選択肢の中から自分の生きる自己物語にとって意味のあるものを選択することができる。そうすることによって、自己物語はますます強化されるし、自己物語に則って生きていることによる充実感が得られる。

だが、アイデンティティの拡散というのは、「自分とは何か?」「どのように生きるのが自分らしいのか?」「自分はどこから来て、どこへ行こうとしているのだろうか?」といった自己のアイデンティティをめぐる問いに対する答が見つからずに、自分がだれであるのかわからなくなってしまった状態をさす。そこでは、自分らしさを表す自己物語的文脈が欠けるため、自分らしい選択というのをどうしたらよいのかがわからないだけでなく、身のまわりの出来事に意味を感じることさえできない。

自己物語の欠如は、自分の生きている文脈が欠けているということなので、自分の生に意味が感じられない状態をもたらす。それは、自分がない、自分の中身が空っぽ、自己が空虚といった感覚を生じさせる。同時に、自己物語の欠如は、身のまわりの出来事に意味を与える文脈が欠けているということでもあるので、どんな出来事にも意味が感じられないといった経験の平板化、世界の無意味化をもたらす。こうして、自己物語の欠如は、自己の空虚化と世界の無意味化をともにもたらすのである。

3　生きる筋書きのない時代

将来展望がもてない、前へ踏み出せない……


ある女子学生は、将来展望をもてない苦しさをつぎのように訴える。

「何かしないとと思って、資格を取る目標を立てて、試験勉強がんばって、いくつか資格を取ってきました。勉強していると、なんだか落ち着くんです」

「でも、いろんな資格をもっていても、一人の人間ができることって、結局活かせるものって、どれか一つだけじゃないですか。数があっても意味がないんですよね」

「たった一つでもいいから、自分はこれをやってみたい、本気でこれに賭けてみたいって思えるものがあればいいんですけど……。それが見つかれば、道が切りひらけそうな気がするんですけど……。それが見つからなくて……、何だか、焦ってる」

「こうして何もしないでブラブラしていると、世の中から取り残されそうな、落ちこぼれそうな不安に押しつぶされそうになるんです。それで、資格取得のための受験勉強をするわけですけど……、本気になれるもの、これだと思えるものにめぐり合えなくて、ただ動いてごまかしているような感じになってしまって……」

そんな行き詰まった状況を、「ドンドン壁を叩いているのに、壁が開かない」と表現した学生もいた。「でも、ほんとうにドンドンやっているのかなあ。やってるふりをしているだけかもしれない」「やっぱり怖いのかも」「開いちゃったら怖いって思いつつ叩いているから、ダメなのかなあ」。何とか壁を越えて、自分の道を歩き始めたい。そうした思いは強くもっているのだが、壁を越えるのも何だか不安でしようがない。壁の向こう側にどんな世界が広がっているのかがわからないことが不安なのか、思い切って壁を越えることができない。

自己物語の文脈が欠けると、将来展望をもつことができない。将来展望がもてれば、目の前の出来事を意味づけ、生きている世界を秩序立てることもできる。でも、将来展望がもてないのでは、目の前の出来事を意味づけることができない。意味のわからない出来事がバラバラに並んでいる無秩序な世界というのは、何とも不気味でしようがない。そんな居心地の悪い世界に乗り出していく勇気はなかなか湧いてこない。

引きこもりと自己物語

安定した自己物語をもてないと、その場その場で自分にふさわしい態度や行動を自信をもって選択することができない。そこで、社会的な場に出ていくのがためらわれる。明確な自己物語の中にどっしりと根を下ろしているように見える人、社会的な場に堂々と自分を押し出していくような人を見ると、圧倒され、近づきがたい感じがする。そこにあるのは、こちらを圧倒する存在に呑み込まれる不安、そして自己卑小感。安定した足場をもたない自分が頼りなく思われ、そんな自分が相手に比べてみすぼらしく思われてくる。

良い成績を取ろうと一所懸命勉強している人、運動部など部活に没頭している人、会社などで与えられた仕事に素直に精を出している人、つまり一定の社会的役割態度を何の疑問もなしに身につけている人たちを見るにつけ、その無邪気さ、気軽さをうらやましく思う反面、自分はそんなに単純ではないし、無神経でもない、といった自負心さえ抱いたりもする。

だが、そうした勇ましい自負心も一種の強がりにすぎない。家から一歩外に出たとたんに、足がすくんでしまう。何のためらいもなく堂々と社会的な場に出ていく周囲の人たちに比べて、自分はなんてちっぽけで頼りない存在なのだろう、といった自己卑小感に責めさいなまれる。

ある引きこもり気味の青年は、一大決心をして家を出ても、近所で人とすれ違うだけでものすごい重圧を感じるという。「それを払いのけるためなのかどうかわからないんですけど、これを身につけていないと安心して外出できないんです」と彼は言って、ズボンの裾をたくし上げると、足首にベルトのようなものが巻いてあり、そこにナイフが収まっていた。べつにナイフを使うわけではないし、人にちらつかせるわけでもない。でも、ナイフを身につけるという行為には、頼りない自分を補強し、堂々としているように見える周囲の人たちに対して引けを取らない存在に自分を引き上げるといった心理的効果があるのかもしれない。

引きこもる若者たち

若者の間に引きこもりが急増していることは、マスコミが盛んに報道しているので、今や周知のことと言ってよいだろう。そもそも引きこもりという言葉自体、数年前までは一般にほとんど知られていなかった。

引きこもりというのは、家族以外の対人関係を避けて、社会的な場にほとんど出ることなく、自宅に引きこもる生活が常態化したものをいう。不登校もその典型であるから、引きこもりが急増していることに異論を唱える者はないだろう。このところ不登校だけでなく、学校に行く年代を過ぎて、二〇代になっても、あるいは三〇近くになっても、働きに出ることなく自宅でブラブラしている若者が増えてきている。

事件が起こったときに、引きこもりの若者が関係していたりすると、いい年をして仕事ももたずに家でブラブラしているなんて、母親以外と対人関係ももたずに家にこもって暮らしていたなんてと驚き、あきれる。そうした事件によって引きこもる若者の存在が世に知られてきたわけだが、じつは引きこもる若者は今や珍しくはなく、全国に数万人から数十万人いるとも推定されている。

問題が問題だけに表面化しない部分が大きく、実数を把握するのは困難であるのだが、引きこもる若者の数はかなり多く、また急激に増えてきているのは事実のようである。それだけ若い世代では、人とかかわる力が衰弱している。さらには、個人が社会の中に安定した居場所を得るのが難しい時代になっているということでもあろう。

迷い多き時代

現代の文化的風土の大きな特徴として、個人に対する縛りがゆるい、言い換えれば個人がとても自由だということがある。長男だからこうあらねばならない、女はこうあるべき、母親としてはこんなふうにしなければならない、大人になったらこんなふうに振る舞うべき、などといった社会的な縛りが非常にゆるい時代と言える。

青年期の延長とかモラトリアムの蔓延といわれ、いろんな生き方が許され、選択肢も多い時代にあって、青年期のアイデンティティの確立が困難になっているといった指摘がよくなされる。

たしかに、選択の自由がなければ迷うこともできないが、選択の自由があり、かつ選択肢が非常に多いとあっては、なかなか決めることができないのも当然といえる。自己を定義しかねて、どんな生き方を選択したらよいかがわからず、精神的に路頭に迷っている若者が多くなっているのは、たしかに事実だろう。

だが、迷いが多いのは、なにも若者にかぎらない。「四〇にして惑わず」などと言われる四〇歳を僕も越えたわけだが、迷わないどころか、こうありたい自分をめぐって、あるいはこうありたい自分と現実の自分を引き比べて、日々迷いと葛藤《かっとう》と自己嫌悪の連続である。僕がけっして特殊なわけではないはずだ。

成人期になると安定するなどというのは、幻想に過ぎない。ひたすらがんばってきた人が急に燃え尽きてしまう燃え尽き症候群、体力の衰えを実感したり仕事能力の向上が限界に突き当たって行き詰まってしまう上昇停止症候群、夫が仕事に忙しくて不在がちなうえに子どもが独立して専業主婦としての役割喪失の危機に直面することによる空《から》の巣症候群、いずれも人生の折り返し点を迎えて、後半生をどう生きるかといった課題に直面し、身動きがとれなくなっているわけだ。

だが、こうした人生の節目にかぎらず、現代では、僕たちはたえず「自分はどうあるべきか」と問い続けなければならない運命にあるようだ。なぜか？ それは、今の時代、生き方が社会的に十分定義されていないからではないだろうか。

生き方が社会的に定まっていない時代

たとえば、ここに四〇代の男性で、長男で、父親で、教員である人物がいるとする。現代の問題は、こうした人物の生き方が社会的にはっきりと定義されていないところにある。個性を尊重し、個人の自由な選択に任せるといった時代の空気が、個人を路頭に迷わせることにつながっている。

ひと昔前の時代のように、四〇歳にもなったら分《ぶん》をわきまえて落ち着くべし、長男として実家を継ぎ両親と同居すべし、父親としてどっしり構えているべし、教員として学生や近所の人たちの模範となるべしといった社会規範を強く押しつけられていれば、それはそれできついけれども、がんばる方向が決まっているという点での安定感はある。

自分がそうした期待に応えられるかどうかは別としても、父親は父親らしく、先生は先生らしく、銀行マンは銀行マンらしく振る舞っている社会というのは、面白みはないかもしれないが、安定感はある。きつい縛りではあっても、こうすべきといった方向性がはっきりしているぶん、方向喪失状態の中をさまようよりも、よほど気が楽とも言えるのではないか。

ところが、今は「らしくない」人が巷にあふれている。いかにも「らしい」のは流行らない。「らしくない」ほうが格好いいといった雰囲気さえある。父親らしい威厳とは無縁の友だち感覚でつきあえる父親がいてもよいし、銀行マンらしい堅苦しさがなくロックバンドを組んでアフターファイブを楽しんでいる身軽で愉快な銀行マンがいてもよい。

社会的に押しつけられるものが少なく、個人の自由だということで、「それもよし、これもよし」式に、いろんな生き方が容認される時代だからこそ、「では、僕はいったいどんな生き方をとればよいのだろう」と迷ってしまうのだ。個人の自由だなどと言われると、色気も出てきたりして「ちょっと格好良く決めてみるか」とか「少しは自分色に染め上げてみたいな」なんて思ってしまう。それで、いよいよ迷ってしまうというわけだ。

「これが四〇代の男の生き方だ」「長男としては、こうした態度をとるべきだ」「これが父親としてのあるべき姿だ」「教員はこうした態度を身につけていなければならない」といった具合に、社会からの押しつけが強ければ、「自分らしい生き方」などといったテーマをめぐって迷い悩むことなどないし、こういうことをすべき、こんなことはしてはいけない、といった行動基準もスッキリしていて、ある意味で非常に生きやすい。もちろん、そこには迷いがないぶんだけ、受け身の部分があり、諦めがあるわけだ。

社会的役割がなくなると——

以前、定年退職後の女性たちを相手に、若者の自分さがしについての話をしたときに、参加者のひとりが僕の話の締めくくりになるような発言をしてくれた。それは、つぎのようなものだった。

「私も、ここにおられるみなさんもそうだと思いますけど、仕事してるときは自分を見失うということはなかったんですけど、定年退職してみると、自分って何なのかがまたわからなくなったように思います。結局、若い人たちだけの問題ではないんですよね」

長女としての自分、母親としての自分、セールス・ウーマンとしての自分、こういった自分を長く生きてきた人にとって、そうした役割を模範的に演じることができたかどうかは別として、それぞれの社会的役割に応える形で身についた態度や行動はしっかりとなじんでいる。今さら脱ぎ捨てようとしたところで、きれいに脱ぎ捨てることなどできない。仮面にしっかりなじんだ素顔は、もうほとんど仮面と区別がつかない。

ここで僕が言いたいのは、社会的役割を脱ぎ捨てた自分などというものはないのではないかということだ。社会的役割というのは表面的なものであって、それを脱ぎ捨てたときに裸の自分、ほんとうの自分が現れてくる、などと言う人がいるけれども、それは嘘だ。社会的役割を脱ぎ捨てたとたんに、僕たちは自分がわからなくなってしまう。いくつもの社会的役割を帯びているからこそ、僕たちは社会に根を下ろすことができる、つまり社会的存在としての人間でいることができるのだ。

個人の自由の尊重といって、社会的役割による縛りが大幅にゆるくなった今日、僕たちは自分に形を与えてくれる枠組みを失ってしまったというわけだ。

生きる筋書きが欠けている

僕たちが生きている自己物語は、自分自身で手に入れた独自のもののように思ってはいても、じつは生まれ育った文化的風土に強く規定されたものと言える。

僕たちは、主体的に自分の人生を生きているかのように思い込んでいるけれども、実際には文化的に注入された物語的枠組みを用いて、素材としての自己の諸経験を一定の人生の形に綴りあげているのだ。つまり、自己物語というのは、個人が勝手に生み出すものではなく、文化的な基盤をもつものなのである。

現代に顕著にみられる問題は、こう生きるべきといった人生の筋書き、それに則って生きればよい典型的なシナリオが欠けていることだ。それゆえ、日々の経験を意味ある人生へと綴りあげていくことができない。

たとえば、働くということの筋書きひとつとってみても、自己物語の一部としてどんな筋書きを採用するかを決めるのは、案外難しいことに気づく。

継ぐべき家業があれば、嫌でもそれを継がなければならないので、迷うことなく自分の将来像をすぐに描くことができるだろう。自己物語の筋立ては、最初からほとんどが与えられている。拘束されているといった不満も感じるかもしれないが、自分でシナリオを考える必要がないぶん、楽といえば楽である。しかし、八割がサラリーマン化した今日、継ぐべき家業もなく、何々家の長男としての拘束もゆるやかである。

家族を養うために働くといったシナリオも、若い世代にはアピールしない。家族のためなどと言いながら、自分の好きな仕事をしているんじゃないかとか、家族のためにがんばっている自分というものにナルシスティックに酔っているだけじゃないかとか、結局妻を家庭に閉じ込めて自分だけ外で自由にやっているんじゃないかとか、いろんな見方が成り立ってしまう。

世のため人のために働くといったシナリオもなんだかうさん臭い。世のため人のためなんて調子の良いことを言いながら、結局自分が目立ちたいだけじゃないか、といった視点も、マスコミを通して報道される政治家や官僚の姿を見ていると、なかなか否定しがたいところがある。

国の発展のために働くというのも、発展途上国ならまだしも、ここまで経済的に成熟した国では、どうもグローバル化しつつある時代にはそぐわないように思われる。

会社など組織のために働くというのにも、時代遅れのような格好悪さがつきまとう。会社のためと思ってやってきたことが、じつは一企業によるただの利潤追求にしかすぎず、世のためになっていなかったなどということもある。古くは公害問題を見てもそうだし、最近では子どもや若者の健全な心や人間関係の発達を阻害するようなおもちゃや通信メディアなどもわけありだ。心から会社のためを考えて働いてきたのに、リストラに遭《あ》ったとか、組織を守るために切り捨てられたとかいうのも、多くのサラリーマンが思い知らされた現実である。

こうした葛藤は、今や男性だけのものではない。女なんだから結婚して主婦になって子育てをするといったシナリオの拘束力も急速に弱まっている。こうしたシナリオの拘束力が強い時代なら、いい年をして家にいられたらみっともないといった家から追い出す圧力が強いため、主婦として母としてのシナリオに乗らざるを得ないが、今はそうした圧力は非常に弱まっている。自由なぶん、さて自分はどんな形をとればよいのだろうと悩まなければならない。

役者がシナリオづくりまで求められる

働くことのシナリオに限らず、生き方全般に関する模範的なシナリオが欠けているのが現代の特徴なのではないか。立派な人間の生き方、あるべき男あるいは女の生き方などといった伝統的なシナリオが総崩れしつつある。そうかといって、それに代わる今にふさわしい新たなシナリオが定まっていない。

そうなると、自分なりのシナリオを作っていかなければならない。そこに産みの苦しみがある。役者が役柄を演じるだけでなく、台本を書くことまで要求されているのに似た状況と言えばわかりやすいだろうか。自分によくフィットするシナリオを書くというのは、そう簡単なことではない。

自分が準拠すべきシナリオを手に入れるまでは、生きる指針の欠如による不安定、頼りなさ、焦りにさいなまれる。生きる基準となる物語的文脈がないから、自分が何をすべきかわからない、どんな方向に努力をしたらよいのかわからない、日々どう過ごしたら充実するのかわからない、ということになってくる。

このままではなにか物足りない、こんな中途半端な状態は嫌だ、こんな不完全燃焼のような日々から脱したい、という思いは強い。けれども、どうしたら満足できるのか、充実するのか、燃焼できるのかが見えてこない。これではいけない、何とかしなくちゃとは思うものの、向かうべき方向性がつかめないため、身動きがとれなくなってしまっているのだ。

結局、シナリオを獲得できない役者、役柄を与えられない、あるいは奪い取れない役者のように、宙に浮いた状態で漂っているというわけだ。

浮遊する自分

シナリオを失った役者は、舞台に立ってどう振る舞ったらよいのかがわからない。他の役者たちが演じている劇の中にどうしたら溶け込めるのか、どのようにしたらその場にふさわしい適切な行動がとれるのかがわからない。役柄が定まらず、浮遊している自分をどのようにして舞台につなぎ止めるかが問題となる。

現実社会で浮遊する多くの若者も同じだ。人としてこう生きるべき、こう振る舞うべきといった社会的自己が明確に定まっていれば、それを身につけることで、社会にどっしりと根を下ろすことができる。つまり、安定したアイデンティティを身にまとって、社会に居場所をもつことができる。

ところが、伝統的価値観による縛りがゆるみ、個人の自由が大幅に尊重されるようになって、人としてこう生きるべきといった社会的自己が弱体化した。それは、生きる枠組みとして機能する文脈の喪失、いわば自己物語の崩壊を意味する。僕たちは、物語を通して社会とつながることができる。だが、自己物語を失うことで、自分を現実社会につなぐやり方がわからなくなってしまう。そこで、社会に出ていけないということになってしまう。

現実社会を生きるには、現実社会という座標軸の中での位置づけを定めてくれる指標が必要だ。それを与えてくれるのが、社会的に定義された自己であり、他者との間で合意が得られた自己物語である。

他者との間で共有され、社会的に保証された自己定義の揺らぎが、個人が現実社会に足場を築くのを妨げている。アイデンティティが定まらず、社会を浮遊している若者たちが、「現実との距離感がつかめない」などとよく口にするのも、そのことを意味している。

社会的に認められる自己物語が必要

社会的立場、つまり職業や肩書きにとらわれない個性的なアイデンティティを求める動きが強まっている。

能力を発揮できる仕事なら昇進にはこだわらない、地位を得るより能力や個性をみがく仕事に就きたい、社内での評価など気にせずに実力を養っておきたい。人間関係の面でも、会社の人間関係をプライベートな時間にまで持ち越さない、社内人事に血まなこになったりしない。そんな価値観を掲げる若い世代が台頭してきている。

だが、何々会社の社員であるとか、課長であるとか、所属・肩書きに支えられ、それにふさわしい物語的文脈を採用することと比べて、社会的役割とは別の次元で自分なりの物語的文脈を探求し、創出するというのは、大きな産みの苦しみを伴う作業となる。既製品を身にまとうよりも、自分で創作することのほうが、やり甲斐が大きいぶんだけ、苦労も大きい。会社など組織への帰属意識によって自分を社会につなぎ止めていた世代と比べて、組織での位置づけよりも自由ややりがいを求める世代は、ある意味でははるかに険しい道を歩み始めたと言えるだろう。

そのように苦心して独自に構築されたアイデンティティも、足場のない浮遊感からくる不安を和らげ、安心をもたらしてくれるものとなるには、他者から承認されたもの、自分にとって意味のある他者から理解され、社会的に価値を認められるものでなければならない。僕たちは、人間であるかぎり、どうしても社会的存在であることを免れないのだ。ゆえに、少なくとも身近に接する他者から承認されるような自己物語を構築しなければならない。

そうしないと、社会の中に安定した居場所が得られない。社会の中に位置づけが得られないということが、社会的存在である僕たちには、大きな不安の源泉となる。生命の危険が脅かされることの少ない平和な時代にあっては、生きる不安の中のもっとも大きなものがアイデンティティの不安だと言ってもよいだろう。

そうしたアイデンティティの不安を克服するためにも、僕たちは社会的に承認された自己物語をもたなければならない。物語としてのアイデンティティこそが、僕たちを社会につなぎ止めてくれるのだ。

自分は発見されるのでなく創造される

自分の日々の経験に意味づけを与えてくれる物語的枠組みが失われた時代だからこそ、自分さがしが多くの人々の心をとらえることとなった。カウンセラー・ブームもそうだ。心が路頭に迷っている人を理解し、支えてあげたいという人が急増したというより、自分自身の心が路頭に迷っている人が増えているということだと思う。

つまり、自分自身の行くべき方向性が見えないために、心のどこかに得体の知れない不安定さを抱える多くの人たちが、心の病理とか癒《いや》しとかいったテーマに惹きつけられる。そんな感じではないか。結局、自己探求のための心理学の勉強であり、自己治癒のためのカウンセリングの勉強なのである。

そこで求められているのは、生気の失せた不安定な自分を生き生きとした自分に立て直すことである。それは、自分さがしとか自己発見とかいった言葉から連想されるような、どこかに隠されているほんとうの自分を発掘するというような作業ではなく、身近に散らばっている自分自身の経験を納得のいく形に組み立てていく作業である。ゆえに、自分さがしとか自己発見というより、自己創造と言うのがふさわしい。

過去の経験や現在進行中の日々の経験、あるいは将来の夢などを自分なりに納得のいく形に組み立てていく自己創造の作業は、言い換えれば自分にふさわしい自己物語を綴りあげることである。そのためには、諸々《もろもろ》の経験をすくい取り、意味づける基準として働く文脈が必要だ。

このようにみてくると、自己の探求として探し求められているのは、自分そのものとか自己経験の素材とかではなく、自分を世界にうまくつなぎ止めてくれるような、納得のいく物語筋であることがわかる。自分というのは、発見されるのでなく、物語的筋立てによって構築されるのである。

ゆえに、「自分とは何か？」といった問い方よりも、「自分はどうありたいか？」という問い方のほうが正しいことになる。自分はどんな物語筋を好むのか。それがわかれば、その筋立てに沿って自己のさまざまな経験を並べることで、自分にとって納得のいく自己物語を構築していくことができる。

納得のいく物語の筋書きがなければ、自分がわからない

自分がつかめない、自分がわからないというのは、自己のさまざまな経験を意味のある

形に織り上げていく物語筋をもたないことをさす。

自分の気持ちによくフィットした自己物語を手に入れるまでは、周囲の出来事や自分自身の諸々の経験、これまでの自分の人生史やこれからの自分の人生の展望を、意味のある形にまとめることができない。したがって、人生の意味がわからない、自分がつかめないということになる。そんな宙ぶらりんな状態では、気持ちも落ち着かない。

得体の知れない諸々の経験に意味を与えてくれるのが物語的枠組みだ。物語的枠組みのおかげで、僕たちは自分や自己の人生というものを理解することができる。得体の知れない衝動がうごめく場である自分に理解可能な枠組みを与えてくれる自己物語の欠如は、不安やいらだちを生じさせる。

自己物語を失った現代人の危険性

過度の不安やいらだちによる神経症的な態度や、攻撃的・反社会的行動が蔓延しているのが現代であるが、そこには日々の経験を意味ある形に綴ることで人々の行動を意味ある方向へと導く物語的枠組みの欠如がある。不安の文脈、攻撃の文脈が、健全に機能する自己物語の欠如の間隙に忍び込むのだ。

このような時代には、自分によくフィットする自己物語を構築する産みの苦しみゆえに、何らかのわかりやすい物語、単純明快に自分の生に意味を感じさせてくれる物語に安易に同一化していく危険も大きい。ナチスが勢いを得たのもそうした物語欠如の時代であったし、わが国でもたとえば学生運動や内ゲバが流行ったのが伝統的価値観の揺らいだ時代であった。

最近の宗教まがいの危険な団体への帰属の背景にも、自分の生に意味を感じさせてくれる物語の獲得への希求があるのだろう。こんな時代だからこそ、人生に意味あるまとまりを与えてくれる説得力ある物語を提示することができれば、多くの人々を惹きつけ、コントロールすることさえできてしまうに違いない。

2章

自己物語はアイデンティティをつくる

1　物語としてのアイデンティティ

言葉が心の現象に形を与える

前章で少し触れた物語としてのアイデンティティについて、本章でさらにいろいろ考えてみたい。

たとえば、中年期の危機という現象がある。就職して仕事に慣れ、できることがどんどん増え、世界が広がり、地位が上がったり、給料が上がったり、といった上昇基調できたのが、頭打ちとなって水平飛行に移行する。あるいは、子育て中心の生活だったのが、子どもが大きくなり、親離れしていくにつれて、子育て以外のことを中心に据えた生活へと移行する。それが中年期である。

体力的にも限界を感じたり、衰えが見えはじめ、無理がきかなくなる。これまでのようなやり方がもはや通じなくなる人生の後半に向けて、どのように態勢を組み立て直すか。

それが人生の大きな転換期としての中年期に課せられた課題となる。

このように生き方の大きな転換を迫られる時期であることから、中年期の危機などということが言われる。しかし、このような見方がなされるようになったのは、ごく最近のことである。ちょっと前までは、親に保護されて生きる児童期と自立して生きる成人期の間にあって、子どもの生き方から大人の生き方への転換を迫られる青年期が危機であるとの見方はあっても、成人期中期、つまり中年期の危機などということは言われなかった。

中年期の危機などと言っている余裕がなかったのかもしれない。だが、中年期の危機などという見方が広まることによって、「若い頃と違うのだし、このままではいけないんだろうなあ」「子どもが自立していったら私には何が残るのだろう」などといった不安が頭をよぎるようになる。中年期には不安定になりがちなのだと思うことで、生活状況に含まれる不安定要因に目がいくようになり、自覚症状が出やすくなる。

いじめとかストーカーとかの流行にも似た面があるのではないだろうか。いじめという言葉が流行っていなかったなら、ちょっと喧嘩したとかいじわるされたくらいですんだことがらが、「いじめた—いじめられた」という枠組みが意識されることによって、深刻な対立の図式ができあがってしまうということが、多分にあるように思われてならない。

ストーカーも同様だ。しつこい気持ち、あきらめきれない気持ち、どうにも我慢できない気持ちがこみ上げてくるというようなことは、昔から多くの人が経験することがあったはずである。だが、ストーカーという言葉がなかったなら、自分はちょっとしつこすぎるかなあ、これ以上しつこくしちゃいけないだろうなと思ったりしてブレーキがかかったであろう気持ちも、ストーカーという枠組みが意識されることによって、相手に対する一方的なしつこさを行動に移しやすくなるといったことがあるはずだ。

このように、自分の中のもやもやしたものに社会的に認知されたある形を与えることで、その形にふさわしい態度・行動が出やすくなるのである。

自己物語が僕たちの心理や行動を導く

自分はストーカーだと自己定義することで、ストーカーらしく振る舞うことへの抵抗をなくしていく。ストーカーとしての自己物語を堂々と生き、自分の中のもやもやした衝動や気持ちをことごとくストーカー的行動をとることで発散させることができる。

こうしたメカニズムは、けっして特殊なものではない。だれもが人生はどうあるか、どうあるべきか、自分はどう生きるべきか、どう生きるしかないかに関する物語をもっている。そうした物語が強力な自己定義として機能しており、僕たちの日々の心理や行動を導いている。

精神医学者レインは、自己のアイデンティティとは、自分が何者であるかを自己に語って聞かせる説話だと言っているが、まさにその通りである。「自分とは何者か」という問いは、人々の頭を離れることのない問いとして、古くから宗教、哲学、あるいは文学の領域で扱われてきた。学問上の扱いはともかくとして、一般の人々は、自分とは何者でありどう生きるべきであるかについては、その民族なり部族なりのもつ物語の形で了解し、それに則って態度や行動を決めてきた。

僕たちは、このように社会的・文化的に保持されてきた物語をもとに、自分の物語をつくりあげる。そうしてつくった自分の物語を何度も反芻《はんすう》する。そのうちにその物語が自分のものとして定着し、そこからそれた行動はとりにくくなる。僕たちのアイデンティティは、自分の物語として、つまり自己物語として保たれているのである。

僕たちはわかりたがりなのだ

僕たちは、わかりたいという欲求を強くもっている。

その背後には、わからないもの、つまり得体の知れない現象に対する不安がある。僕たちには、なんとか不安を解消しようとする習性がある。そのためには、目の前の現象を理解することが必要となる。他人なら他人の、自分なら自分の正体を知ることが必要になる。

学問というのも、自分たちの生きている世界を理解したいという欲求のあらわれとして登場し、発展してきたものである。学問といわず、もっと身近なところでも、なぜあんなものが流行るのか、なぜああいう子が人気があるのか、あの人はなぜあんな行動をとるのか、といった具合に、目の前のあらゆる現象に「なぜ？」を突きつけ、その仕組みをわかろうとする。ほんとうのところはだれにもわからないにしても、わかったつもりになろうとする。

自分についても同じだ。なぜ自分は人から何か頼まれると嫌と言えないのだろう。それでいて後になって断ればよかったと悔やむのだから嫌になっちゃう。こんなふうに嘆く人は、そのうちに、自分は人から嫌われたくない、人とうまくやっていきたいという気持ちが人一倍強いから嫌と言えないのだといった答を見つける。

そうすると、自分の日頃の行動の説明がついて、一応はスッキリする。それで損したり、苦しんだりすることはあっても、自分の行動に関する説明がついて、自分が何者であるかのヒントが少しでも得られると、それだけで気持ちが落ち着く。損得でなしに、わかるということそのこと自体が大切なのだ。

自己物語は硬直化する

いったん採用された物語は、あらゆる行動の解釈の指針として機能するようになる。

たとえば、ある人から感じの悪い態度をとられた際に、あの人はライバルである自分の成功に嫉妬してこちらに敵意をもっているのだという物語を採用すると、その後、その人のとる言動のいずれもが、その物語筋に沿って解釈される。こうなると、両者の間には大きな亀裂が入ることになる。一定の文脈が機能することによって、関係は良くも悪くも安定する、つまり固定化するのだ。

もっと好意的な物語の文脈のもとであればとくに問題とならない言動でも、敵対的な物語筋に沿って解釈されると、ことごとく悪意のあるものとなってしまう。いったんこじれた人間関係の修復の難しさはここにあると言ってよいだろう。

自分についても同じだ。なぜ自分はみんなとうまくやっていくというタイプじゃないんだろう。だれとでもうまくやっている人がいるけど、どうも自分には苦手な相手とか、どうしても気にくわない相手というのがいて、そういう人には適当に合わせるということができない。なぜなんだろう、と疑問に思う中で、自分にははっきりとした価値観があって、どうしても妥協できない一線があって、そういった主義主張をもたずに長いものには巻かれろ式にしっぽを振って生きているいい加減な人物を見ると嫌悪感をもつのだ、といった回答を得たとする。

そうすると、この骨のある自分といった自己物語が機能し始める。こうなると、それ以降、いい加減な妥協はますますしづらくなってくる。適当に合わせたほうがずっと楽なのにとの思いが頭をもたげそうになっても、それは自分らしくないという声がそうした安易な思いをうち消してしまう。

いったんある物語を採用すると、他の物語的視点に立つのは困難となる。目の前の出来事をことごとくその物語的文脈に則って意味づけていく。ある自己物語を身にまとうと、その物語の主人公として行動するしかなくなるのだ。よっぽどのことがないかぎり、その自己物語から抜け出すことはできなくなる。それにより、自分の行動に一貫性が保たれるようになり、アイデンティティが保証される。

2　自己物語が変わると、世界も変わる

人生の意味がわからない

「人生の意味とは何か？」などと改めて口にすると、浮世離れした哲学じみた議論に聞こえるかもしれないが、じつはこれはだれもがたえず自分自身に問いかけていることでもあるのだ。

もっとも、人生の意味というのは、こんな意味があるといった正の形で意識されるより、意味がないといった負の形で意識されることが多い。ゆえに、人々の口をついて出てくる言葉も、「自分はこんな人生の意味を感じている」のような肯定的なものでなく、「自分はどうも人生の意味がわからない」のような否定的なものであるのがふつうだ。

伝統による縛りから自由になった現代人が、自由と引き換えに失ったのが、心の安定だ。社会心理学者のフロムが『自由からの逃走』において見事に指摘したように、伝統的なも

のに縛られない自由さは、人々に根なしの状態をもたらす。根なしの不安に耐えながら、自分自身の責任のもと、行くべき方向を、充実すると思われる生き方を探し出していくには、強靭な精神力が要求される。多くの人は、そうした重圧に耐えかねて、再び安易な従属の道を選ぶ。

だが、伝統的な価値観や生き方が否定され、破壊された後の世界を生きている僕たちは、どこからか適当な価値観を探し出してきて、自分の物語を築き上げなければならない。何とかして、人生に意味を与えてくれる、自分を世界につなぎ止めてくれる物語をもたなければならない。宗教が拠り所となっている文化圏では、その宗派のもつ物語が個人を社会につなぎ止めてくれる。だが、宗教による規定力が乏しい日本では、こうした時代の混乱には計り知れないものがある。

そんな時代だからこそ、多くの人たちは、金儲けや出世への没頭、マイホームなどの物質的追求への没頭、音楽への耽溺《たんでき》、性的耽溺、インターネットの世界への耽溺、新興宗教など思想団体への帰属など、我を忘れさせてくれ、根なしの不安から束の間でも解放してくれる現実逃避の場を求める。自意識を麻痺させること、自分と極力向き合わないようにすることで、不安に直面するのを避けようとする。

でも、いくら逃げたところで、自分の人生の意味がつかめないことによる不安から解放されることはない。ふと立ち止まった瞬間に、「自分の人生は何なのだろう?」といった問いがふと頭をもたげ、答が見つからないために不安になる。不安なままでは耐えられないので、自分と向き合う自意識を断ち切ろうとするかのように、音楽に身を任せたり、友だちとの電話やインターネットでのメール交換に没頭したりする。こうして現代を生きる多くの人たちは、自分自身から遠ざかっていく。

出来事の羅列の世界から意味ある世界へ

僕たちのまわりでは、日々いろいろな出来事が起こっている。友だちとの会話とかドライブの最中に起こしてしまった事故のように直接自分が巻き込まれている出来事から、道端で目撃した出来事、さらにはテレビや新聞のニュースで知った出来事まで、距離感はさまざまだが、いろいろな出来事を経験している。

でも、そうした出来事をまんべんなく自分のものとして取り入れるわけではない。身近なところで起こったことでも、マスメディアを通して知ったことでも、とくに自分にとって意味があると思われる出来事を自分の世界に取り入れていく。

昨年、僕は俳人・種田山頭火《たねださんとうか》の一草庵《いっそうあん》を訪ねて、庭からガラス窓越しに部屋の中を覗《のぞ》いた。そこで部屋の中の写真も撮っておいた。そのとき僕が見ていたのは、机や小物の配置など部屋の中の様子であった。しかし、後で写真を現像してみると、そこには部屋の中の様子に重ねて、庭の景色も写っていた。カメラを覗いている僕の顔も写っていた。

このことが示しているのは、僕の網膜には前方の部屋の様子だけでなく、後方の庭の様子も窓ガラスに反射した刺激として写っていたはずだということである。カメラならそうしたすべての刺激を忠実に再現するけれども、僕には自分がとくに意味を感じている前方の部屋の様子しか見えなかった。

僕たちひとりひとりの生きている世界というのは、そのように意味あるものを求めて取捨選択することで成り立っているのだ。その取捨選択する際の基準となるのが、一定の意味の流れをもった文脈である。

そうした文脈が機能しないことには、僕たちの世界は成立しない。個々の出来事は、意味のある文脈の中に置かれることによって、はじめて安定した意味をもつことができるのだ。文脈の中に置かれる前の出来事は、個人にとっては何の意味ももたない事実の羅列にすぎない。そうした出来事の羅列の世界は、言ってみれば離人症《りじんしょう》の世界のようなものだ。

離人症患者の典型的な訴えとして、精神医学者の木村敏《びん》が例示しているように、周囲の世界が無意味化し、バラバラになってしまうということがある。絵を見ても、いろんな色や形がただ目の中に入り込んでくるだけで、何の内容も意味も感じない。つまり、絵という有意味な全体を鑑賞することができない。テレビや映画を見ても、細切れの場面場面はしっかり見えているのに、全体の筋がわからない。つまり、ストーリー性をもった全体の流れを楽しむことができない。自分というのも同様で、瞬間ごとに違った自分が何の規則もなくてんでバラバラに出ては消えていくだけで、今の自分と前の自分との間に何のつながりもない。

ここから言えるのは、僕たちのまわりで起こっている出来事というのは、それだけではただ無意味な出来事が羅列されているだけであるということ。そして、こちらから、つまり見る側がある物語的文脈の網をかぶせることによって、それらバラバラな出来事の間に有意味な連関がつくられ、個々の出来事も意味を帯びてくるということである。

このように、僕たちは物語的文脈を抜きに現実と接することはできない。身のまわりの出来事、自己のさまざまな経験をまとめ上げるのが自己物語であり、それを獲得することで僕たちは意味のある世界の住人となる。

自己物語が、諸々の経験を統一的な意味の流れのもとに整理してくれる。自己物語を通して、僕たちは目の前の現実や自分自身を意味づけることができる。それが、現実の出来事や自分を理解するということなのだ。

世界の意味づけは人の心が生み出す

目の前で起こっている出来事そのものに意味があるのではない。それによって、見る側の心に何が喚起されるかが問題なのだ。喚起されたものが意味を構成していく。

同じうまそうなステーキでも、腹がペコペコのときと、うまいものをいっぱい食べた直後の満腹時とでは、見る側に喚起するものは一八〇度違ったものとなるはずだ。記録的なドカ雪が降り積もったいちめんの銀世界も、スキーをしにやってきた人に喚起するものと、そこで生活している人に喚起するものとは、大きく異なっているだろう。

何が喚起されるかを決定するのが、見る側が抱えている物語的文脈である。見る側が物語的文脈を投げかけることで、個々の出来事が意味を獲得し、意味のある世界が目の前に広がってくるのだ。何かが喚起される以前の裸の出来事そのもの、そのままの現実、ありのままの世界を見る目などというのはあり得ないし、そんな世界を生きるということなど考えられない。

映画や漫画の切り離された一コマを見せられても、前後のコマをいくつか見せてもらわないことには、いくら想像力を働かそうとしても、そこに描かれている場面の意味がなかなかつかめないのと同じだ。僕たちは、ある特定の視点をとらないかぎり、意味ある世界を体験することができない。

どんなストーリーの映画なのかについての情報が与えられれば、ある一コマが何を意味する場面なのかを推測することが可能となる。それと同じで、ある自己物語を手に入れ、その文脈を目の前の現実にあてはめることで、身のまわりの出来事に意味を見出すことができるようになる。

日々の生活に意味が感じられない、無意味な毎日が虚しくてしようがないという人は、目の前の現実に意味を与える文脈として機能する自己物語をもっていないのである。毎日が虚しいのは、意味を感じさせてくれない現実に問題があるのではなくて、現実に意味を与える文脈を投げかけることのできない自分自身に問題があるのだ。気持ちのもちようで色あせていた世界が輝いてくるなどと言われたりするのも、こうしたメカニズムをさすものと言える。

世界と自分を意味ある形につなげてくれる自己物語をもつことで、目の前の世界に意味があふれてくる。意味を経験する前提として、現実の出来事と自分をつなぎ、世界を意味づける物語的枠組みを獲得する必要があるというわけだ。

人は文脈から解読する

僕は、もともと字は上手いほうではないのだが、急いで文章を書いたりするときなど、文字同士がつながって、どうにも読みにくいクシャクシャした文字列になってしまう。とくに、思いついたことを走り書きしたメモのひどさは凄まじく、それを見ながらパソコンに打ち込んでいるのを横で見ている人から、「よく読めますね」と感心されたりする。

実際、今手元にある僕自身の走り書きのメモを見ても、一文字一文字を独立させて眺めてみると、何の文字だかわからないものが結構ある。よく読めるものだと、われながら改めて感心してしまう。自分で書いたから読めて当たり前だと思われるかもしれない。たしかに、書いた本人だからわかるのであって、他人が読んだら読めない文字がたくさんあるに違いない。

でも、書いた本人だったらなぜ読めて当たり前なのか。それは、読む側の記憶の中に書かれている内容に関するおぼろげな記憶があり、それをもとにして何が書いてあるかについて想像力を働かすことができるからである。そうした想像力なしには、たとえ自分が書いた文字であっても、解読することは不可能である。いわば、何が書かれてあるかについて想像力を働かせるもととなる文脈があるからこそ解読できるのだ。

これは、悪筆にかぎらず、あまりに達筆な手書きの文章を読むときにも、しばしば経験するところである。見てただちに読めなくても、虫食い式に読める文字だけをつなげていくと、全体として書かれている内容がなんとなくつかめてくる。こうして全体の文脈の見当がついてから再度じっくり眺めていると、先ほどは読めなかった文字が徐々に解読されていく。推理もののようだが、ちょっとした手紙や葉書を読むにも、このように文脈効果を用いた解読が行われているのである。

ワープロ文書が当たり前の時代になり、レポートも手紙もきれいな印刷文字が多数派を占めるようになって、手書きの文字を読む機会はめっきり少なくなってきた。しかし、文脈効果を利用して文字を解読するということは、ちょっとしたメモやワープロ文書に手を入れたものを読むときなど、今でも多くの人が日常的に経験しているのではないだろうか。

ラベルづけが記憶を変容させる

心理学者カーマイケルらの記憶の歪みに関する古典的な実験では、ラベルづけが記憶に影響することが証明されている。そこでは、同じ図形に対して二種類のラベルを用意し、ある人たちには一方のラベルのもとにその図形を提示し、別の人たちにはもう一方のラベルのもとに同じ図形を提示し、後にその図形を思い出して描くように求めている。その結果、見たラベルによって、再生された図形に見られる元の図形からの歪みの方向に明らかな違いがあった。

たとえば、二つの円を一本の直線でつなげた図をメガネというラベルのもとに提示された人たちが後に再生した図は、鉄アレイというラベルのもとに提示された人たちが後に再生した図と比べて、直線の部分が短くなっていた。つまり、同じ図を見ても、後に思い出しながら描いてみると、メガネを意識して思い出した人はよりメガネらしい図を、鉄アレイを意識して思い出した人はより鉄アレイらしい図を描く傾向がみられたのである。

このような結果は、人の記憶というものが、写真などとは違って、ものを忠実に写し、再生するのではないことを示している。つまり、僕たちの記憶は、意味とともにある。意味を意識しつつ、その意味にふさわしい思い出し方をするのだ。

単なる文字や図形であっても、このように文脈によって見え方が違ってくる。想定する意味によって見え方や思い出し方が違ってくるのである。オリジナルの形がはっきりしているものでさえそうなのだから、他者の態度や言動といった形の定まらないものでは、文脈効果が猛威を振るうのももっともなことである。

対人関係にも文脈が影響する

文字や形といった物理的刺激をとらえるにも、文脈のもつ意味の影響が大きい。ましてや人間関係的事象をとらえる際の文脈効果の力には絶大なものがあるに違いない。

コンパで盛り上がって、さあ二次会に繰り出そうというとき、「今日はちょっと体調が悪いから、これで失礼します」と帰ろうとする部下に対して、上司が内心抱く反応は、その部下との関係をその上司がどうとらえているかによって違ってくるだろう。

その上司が両者の関係を良好なものととらえているなら、コンパ中のちょっとしたしかめっ面を思い出して、「ほんとうに体調が悪そうだったな。大丈夫かな」と気づかうかもしれない。だが、両者の関係があまりうまくいっていないととらえた場合には、コンパ中の楽しげにはしゃいでいた様子を思い出して、「あんなに元気にはしゃいでいたのに。体調が悪いなんて口実だな」と勘ぐるかもしれない。

ほんとうに体調が悪かったかどうかといった事実は、相手には知りようがない。人間関係上の出来事は、このように事実にあてはめる文脈によって大きく左右され、そうした文脈の上で進行していく。

仲のよい友だち同士とか、親子間、夫婦間といった身近な間柄でも、すれ違いなど日常茶飯事だ。こちらがずうずうしくならないように遠慮したことが、嫌がって断ったと曲解される。親愛の情を表すジョークのつもりで言ったことが、悪意のこもった嫌味と受け取られる。親切のつもりでしてあげたのに、余計なおせっかいだと言われる。人間関係の波乗りをして暮らしている僕たちは、こうしたすれ違いを毎日のように経験している。

人の言葉や態度は、どのようにでも解釈することができる。好意的な文脈のもとに置けば楽しいジョークに聞こえる言葉も、非好意的な文脈のもとに置かれたとたんに悪意に満ちた嫌味に聞こえてしまう。

相手が病み上がりで調子がとても悪いという事情を知っていれば、そうした文脈に沿って相手の言動を意味づけることができる。だが、そんな事情を知らなければ、病み上がりの文脈が機能しないため、気乗りしない様子を見て、「何か不満でもあるのか」「なんか感じ悪いなあ」といった反応になってしまうかもしれない。誤解を避けるには、こちらの動きを支配している文脈を相手に知ってもらうことが大切だ。

人間関係のトラブルというのは、案外こうしたお互いのもつ物語的文脈の食い違いから生じるものなのではないだろうか。

性格判断にも文脈が働く

人の性格を判断するときにも、このような文脈の威力が発揮される。

たとえば、まだどんな人かよく知らない人物に関して、頭が良いということが確認されたとする。その瞬間、ある人は「なんか冷たそうでつきあいづらいなあ」と否定的な印象をもつかもしれないが、別の人は「話のわかる人かもしれない」と好意的な印象をもったりする。同じ情報をもとにしながら、なぜ正反対の方向に印象がつくられるのかといえば、それぞれの印象の根拠がじつは相手でなく見る側の心の中から引き出されたものだからである。

小中学校時代に、頭の良いクラスメートの利己的な言動を見せつけられた人は、知的な人というのは利己的で他人に対して冷たいものだという思い込みをもっていたりする。そういう目で見ると、頭の良い人の示す行動にも利己的なものもあればそうでないものもあるはずだが、どうしても利己的な行動ばかりが意識されがちとなる。その結果、頭の良い人、知的能力の高い人というのは、独立心や責任感が強く、仕事の面では頼りになるけれども、競争心が強すぎて、自己中心的で、思いやりがないといった勝手な性格観を暗黙のうちに身につけることになる。

このような暗黙の性格観を身につけた人は、ある人物に関して頭が良いという情報を仕入れると、競争心が強いとか、自己中心的であるとか、思いやりがないとかいった未確認の性格までも、その人物がもっていると信じ込んでしまう。

反対に、子どもの頃、成績の良いクラスメートが引っ込み思案で要領の悪い自分になにかと気を配ってくれ、いろいろと相談に乗ってくれたという経験をもつ人は、知的な人というのはものわかりがよく他人のことをよく気づかってくれるといった、これまた勝手な性格観を暗黙のうちに身につけることになる。そのような人は、ある人物に関して頭が良いという情報を仕入れると、人の気持ちがよくわかる、面倒見がよい、頼りがいがあるといった未確認の性格までも、その人物がもっていると信じ込んでしまう。

実際には、ひとくちに知的な人、頭の良い人といっても、利己的で冷たい人もいれば、心の温かい思いやりのある人もいるはずである。しかし、目の前の人物を得体の知れないままにしておくのは気持ちが悪い。そこで、手っ取り早くシロクロつけようとして、過去経験をもとにした文脈効果を利用することになる。そこで、暗黙の性格観が猛威を振るうことになる。いったんできあがった印象は、その後のその相手を見る目に色づけをしてしまうから、自分勝手な暗黙の性格観によってつくりあげられた印象を修正するのは難しい。

僕たちはふだん、かかわっている周囲の人たちの性格を判断しながらつきあっているわけだが、その人のものと思い込んでいる性格の相当部分が未確認の性格なのではないだろうか。僕たちは、目の前の人を見ているつもりでありながら、じつは自分の頭の中に住んでいる架空の人物を見ているのかもしれない。

自己物語をもつことで意味ある生活が手に入る

文脈のもつ威力を実感することができただろうか。物語的文脈こそが、僕たちの人生に意味を与えてくれるのだ。人生の意味の探求というのは、じつは自分好みの物語的文脈さがしであり、それを自己物語として身にまとって生きることなのである。そうすることで、日々の経験に意味を感じることができ、生活が意味で満たされる。

自己物語が、バラバラに散らばっている僕たちの経験や身のまわりの出来事を意味のある流れに沿って並べてくれる。そうした文脈のもとに、自分の身に降りかかった出来事や自他の行動のもつ意味が解釈される。つまり、採用した自己物語の文脈に沿って生きている世界が意味づけられていく。そこに、人生の意味が立ち現れてくる。人生の意味というのは、物語的文脈が生み出してくれるものなのだ。

個人が感じている人生の意味が正しいかどうかということは、原則として問題にはならない。先に文脈効果について見たように、採用する文脈によって目の前の出来事や自他の行動の解釈の仕方は異なってくる。どの解釈が正しいかという問題ではない。そんな判断は、だれにもなし得ない。現実というのは多義性をはらんだものであって、文脈によって多様な描写が可能である。つまり、いろんな解釈があり得るし、どの解釈も間違いではないのだ。

何に見える？（「ルビンの壺」）

上の図（「ルビンの壺」）は、杯にも見えるが、向き合った二人の顔にも見える、有名な多義図形のひとつである。杯というのもひとつの見方だし、向き合った二人の顔というのもひとつの見方だ。どちらが正しくてどちらが間違っているというようなものではなく、見ようによってどちらにも見える。人生の意味というのも、じつはこの多義図形のようなものだというわけだ。

人によって、人生の意味づけ方はさまざまである。自分とまったく違った人生観をもって生きる人などまわりにいくらでもいるだろうが、それを否定することはできない。何に生きがいを感じるかは個人の自由だ。ならず者が政治結社に入ることで規律正しい生活をはじめ、ある種の使命感を得て生き生きしてくるということもある。無気力青年が、よりよい社会の実現を目標に掲げる新興宗教集団に入信することで、使命感に燃えた意欲的な活動家になることもある。周囲の人たちに危害を加えるものでないかぎり、人生のどのような解釈も、つまりどんな自己物語をもつことも、否定するわけにはいかない。

いずれにしても、自己物語をもつことで、日々の生活が意味で満たされてくる。自己物語が自分を意味ある形で世界につなぎ止めてくれる。それによって、僕たちは社会の中に自分を位置づけることができ、将来展望をもつことができるようになる。これが、いわゆるアイデンティティの確立につながる。

アイデンティティを確立するというのは、自己物語を身にまとうことなのだ。こうして、自己物語を手に入れた人は、自分の人生に生きがいを感じることができるようになり、世界に対する使命感のようなものさえはっきりと、あるいはほのかに感じ取ることができるようになる。

身にまとった自己物語を脱ぎ捨てる難しさ

採用している自己物語、人生に意味を与え、生活に張りを与えてくれている自己物語が、社会的に望ましくない性質のものである場合もある。

たとえば、世界救済とか革命とかを掲げ、破壊的な行動に出る組織のもつ物語を自己物語として身にまとっている場合、本人としては使命感に燃え、組織から与えられる任務にやりがいを感じ、日々の生活は偉大な意味に貫かれていると信じることができ、充実した生活を送ることができているであろう。

しかし、その組織が犯罪性を帯びたものであり、そこでの使命感に基づいた行動が世の中の人たちに迷惑をかけたり、危害を加える性質のものであるなら、そうした自己物語を脱ぎ捨てることを求められるかもしれない。

だが、いったん身にまとい、生活を意味で満たしてくれている自己物語を脱ぎ捨てるには、大きな抵抗が伴うのがふつうだ。周囲から批判されるような物語的文脈であれ、それを用いて現実を秩序立てることで、自分の日々の生活に意味を見出すことができているのである。周囲の出来事や自他の行動を秩序立てて解釈する枠組みとして機能している、そうした物語を失ってしまったら、生きている世界の諸々の出来事や経験はバラバラに解体してしまう。そこには、もはや何のまとまりも見られず、意味というのを感じることなどできない、虚無的な世界が立ち現れることになる。それはとても恐ろしいことだ。せっかく手に入れたはずの人生の意味を見失ってしまうのであるから。抵抗を示して当然と言える。

採用していた自己物語を脱ぎ捨て、新たな自己物語を獲得するまでの混乱の期間は、人生にとっての大きな危機であると言ってよいだろう。

自己物語が変われば現実の意味も変わる

自己物語の文脈が現実のさまざまな出来事に意味を与え、また個々の出来事の間に意味のあるつながりをもたらす。そうであれば、現実を生きる枠組みとして採用している自己物語が変わることで、個々の出来事の意味も変わってくるだろうし、人生の意味も違ったものになってくるはずである。

燃えつき症候群と言われる現象は、仕事上の役割が大きく変化したり、人生の展望に大きな変化が生じたりしがちな成人期半ばに起こりがちな自己物語の破綻を意味するものと言える。

たとえば、与えられた職務を忠実にこなすことは、会社のためであるばかりでなく、自分のためにもなり、社会のためにもなっていると考え、私生活を犠牲にして一生懸命働いてきたとする。はじめのうちは、がんばって働けば働くだけ給料も上がるし昇進もするということで、個人的にも報われていたため、何の疑問ももつことなく走り続けた。ところが、あるところまでくると、報われる人と報われない人が出てくる。組織のピラミッド構造のもとでは、地位的に上のほうに行くほど報われる人はかぎられていく。中年期くらいになると、多くの人は「先が見えてきた」と淋しそうにつぶやき始める。

そうなると、自己物語の転換が必要となる。会社のために働けば働くほど自分自身も報われ、将来に明るい展望が開かれてくるといった物語に、もはやすがりついているわけにはいかない。自己物語の拘束力がゆるむと、いろいろなことがらのもつ意味が違って見えてくる。

会社の仕事は社会のためになっていると信じ込んでいたが、どうも必ずしもそうでないようにも思われてくる。単なる営利追求に奔走していただけなのかもしれないといった疑問すら湧いてくる。趣味ももたず、友だちとのプライベートなつきあいも最小限におさえ、家族との生活も犠牲にして、仕事に没頭していたこれまでの生活が、急速に色あせてくる。アフターファイブや土日に趣味を楽しんだり、家族とのんびり過ごしたり、友だちと飲み会だ旅行だと楽しく遊んでいた連中のことなど、これまでは眼中になかったのだが、急にうらやましく思われてくる。

自己物語とズレている経験も汲み上げる

身にまとっている自己物語が息苦しく感じられることがある。

日々気持ちよく過ごすには、自分の経験していることをうまく説明できる自己物語を身にまとうことが大切だ。現実は流動的で、僕たちが置かれている状況はたえず変動しつつある。そうした流動的な情況に適応しながら生きている僕たちは、自分の置かれた状況を適宜とらえ直し、それに対応すべく自己の態勢を組み直していかなければならない。自己物語が硬直化すると、いつの間にか経験から疎外されてしまう。僕らが息苦しく感じるのは、そんなときだ。

心理学者のロジャーズは、自己概念と経験のズレが小さいことが健康につながると言う。あらゆる経験に対して開かれ、どんな経験をもありのままに意識化できる柔軟な自己概念をもつことが健康につながるというのだ。「ありのまま」という言い方には抵抗があるが、ここでは「自分なりに納得のいく」というように読み換えておきたい。

ロジャーズは、経験と自己概念のズレに関して、夫に見捨てられた母親に育てられた娘の例をあげている。彼女には、もちろん母親と自分を見捨てていった父親を憎む気持ちもあった。だが、血のつながりのある実の父親に対する懐かしいような温かいものをどこかで感じていることもあったのであろう。しかし、母親とのかかわりの中で形成されてきた自己概念に縛られて、肯定的な感情は防衛されて意識にのぼらず、憎しみばかりが意識されていた。

そのような女性がカウンセリングを受けにやってきたわけだが、カウンセリングが進むにつれて、ありのままに自分の経験を感じ取ることができるようになってきた。つまり、母親が夫を憎み、娘である自分にも父親を憎んでほしいと思っていることに自分が気づいており、その気持ちに応えなければと思っていることや、自分がある点で父親を憎んでいることは確かだが、父親に対する肯定的な感情もあることを率直に意識できるようになったのである。

このように自己物語（ロジャーズの言い方であれば、自己概念）が硬直化し、経験をうまく汲み上げることができなくなったとき、自己物語を組み換えることが必要となる。経験を汲み上げることができるような、より柔軟性のある自己物語、より多面的にものごとを見ることのできる自己物語に書き換えていくことが求められる。

自己物語の書き換えで過去も変わる

過去を振り返ると、思わずほくそ笑んでしまうような微笑ましい出来事や楽しい思い出、誇らしい出来事がある反面、嫌な出来事、思い出すのもいまわしい出来事、消してしまいたい思い出があったりする。肯定的な意味をもつ過去はよいが、ときに否定的な意味をもつ過去に脅かされたり、支配されたりして、防衛的な構えをとらざるを得なくなり、自由に動けなくなることがある。

そうした過去へのとらわれから解放され、自由に動けるようになるために、カウンセリングが効力を発揮したりする。

そこで行われているのは、いまわしい過去、否定的な意味をもつ過去の書き換えである。人はだれでも、自分史の中に、書き換えることができるなら書き換えてしまいたい部分を多かれ少なかれもっているものである。

だが、書き換えといっても、過去に起こってしまった出来事を起こらなかったことにすることなどできるはずがない。出来事そのものを書き換えたり、消し去ったりできるわけではない。できるのは、事実としての出来事のもつ意味、その出来事が自分にとってどんな意味をもっているかについての解釈のし直しである。

それは、出来事の意味を解釈する文脈として機能する自己物語の書き換えである。文脈が変わることで、個々の出来事のもつ意味が変わってくる。出来事そのものは消したり書き換えたりできなくても、解釈の枠組みとしての自己物語を書き換えることで、過去の風景は一変する。過去に起こったことを今さらどうにかできるものではないけれども、自己物語を書き換えることで、過去はいくらでも変えられるのだ。

僕が面接した人たちの中に、小さい頃母親が再婚したことを、自分よりも男の人を選んだとみなし、「見捨てられた物語」を生きている人がいた。再婚によって、母と二人きりだった幸せな日々が断たれ、どうにもなつけなかった義父と三人のぎごちない生活が始まった。その後、学校の友だちにも恵まれ、ごくふつうに楽しい青春時代を送ることはできたが、子どもの頃を思い出すと暗くなるし、母に対しても恨みがましい気持ちが拭いきれず、どうにもしっくりいかなかったと言う。

そんな人が、過去の思い出やその時々の思いを語る中で、じつはあのとき、母親はわが子に経済的に豊かな生活をさせたいとの思いから好きでもない人と再婚したのではないかといった疑念を抱くに至った。そう考えると納得のいくことがいくつか思い出されてくる。それによって、過去を解釈する物語的文脈に微妙な変化が生じる。すると、そういえば自分と義父の関係がうまくいっていなかっただけでなく、夫婦関係も冷えていたみたいだし、母はときおり辛そうな表情をしていたなあなどと、これまでと違った見方で子ども時代を思い出すようになる。

こうして、母親の再婚をめぐる人生史の意味づけが大きく変わる。受け入れがたかった再婚という出来事や、そのときの母親の気持ちのもつ意味が変わることで、長年苦しめられてきた過去の一コマをようやく受容できるようになる。

自己定義は、ある種の「封じ込め」

ある物事を定義するということは、その物事のもつ意味を限定するということだ。つまり、定義することによって、定義されたものはそれ以外の可能性を失うことになる。たとえば、ある図形が正三角形と定義されることで、その図形が直角三角形である可能性は排除される。

同様に、ある物語を自己のものとして採用するということは、別の物語を生きる可能性をとりあえずは捨てることを意味する。

組み立て玩具のレゴを組み合わせると、いろいろな形のものをつくることができる。だが、人間の形をしたロボット戦士もつくりたいし、大好きなわんちゃんもつくりたいという子が、ロボット戦士をつくることに決めたとき、それは同時に犬をつくるのを断念したときでもある。レゴを使って何かの形を組み立てていくように、人は多くの過去経験の素材をさまざまな形に組み立てていくことができる。

ある物語を自己のものとして採用するということは、自己を定義するということに相当する。それは、多様な形をとり得る自分あるいは自分の人生を、特定の物語の枠の中に封じ込めることを意味する。

ひとつの形に封じ込めることとは、他の多くの可能性を切り捨てることになるから、なかなか決断がつかない。そうした思いは、今の多くの人たちの感じるところではないだろうか。あらゆる形をとることが許される豊かで自由な時代だからこそ、迷いは大きい。でも、とりあえず何らかの鋳型としての物語を採用し、その中に自分のさまざまな経験を封じ込めないかぎり、自分というものが形をとることができない。つまり、他者から認知される社会的に安定した存在になれない。

拘束されることを嫌い、可能性を開いておくことにこだわり過ぎると、いつまでも自分は宙ぶらりんの不安定な状態に置かれることになる。

3　自己物語は独りよがりではない

モラトリアム時代の倦怠感

モラトリアムの時代と言われるようになって久しい。モラトリアムとは、もともとは支払猶予期間という意味の経済用語であったらしいが、精神分析学者エリクソンが心理・社会的モラトリアムというように心理学用語に転用した。

心理・社会的モラトリアムとは、社会的な責任や義務を免除された形で青年たちがさまざまな役割実験を試みる期間であり、大人になって社会の中に自分の居場所を見つけるための準備期間である。つまり、「自分とは何か？」という問いに対する答であるアイデンティティの決定を猶予されていることをさす。この猶予期間の社会的遊びの中で、自由に役割を選択したり変更したりしながら、自分に最も適した社会的役割をさがしだし、身につけていく。モラトリアムとは、そのための試行錯誤の期間のことだ。

現代は、家業を継がなければならないという時代でもないし、学校を出てすぐにどこかに就職しないと食べていけないという時代でもない。個人の自由が尊重される時代の空気と、フリーターでも食べていける豊かな時代の価値観を背景に、学校を終えても就職するわけでもないし、結婚するわけでもないという人たちが増えている。仮に就職したとしても、ほんとうにやりたいことはまだ他にあるはずと信じ込んでいるかのように、自己定義を可能なかぎり先延ばしにする傾向が、ますます広まっているように思われる。

今ただちに自己定義しなくてはならないとしたら、自分が思い描く理想からかけ離れていようと、とりあえずは現時点で自分の能力が届く範囲内で自己を定義するしかない。だが、今すぐに自己定義しなくてもよいとなれば、自分の可能性を最大限追求できるように自己定義を先延ばしにしようとするのも当然のことと言える。自己定義を先延ばしにしている間に、何が起こるかわからないし、可能性が広がるかもしれない。そんな思いでフリーターを続けている人もあるだろう。

もっとも、そうした積極的な意図はなく、就職にしても結婚にしても相応の義務を伴うので、義務による束縛からただ逃げているというだけの人たちも少なくないのだろう。アルバイトであれば、責任はあまり問われず、身軽なままでいられる。さしあたって将来展望は棚上げし、今がよければいいといった姿勢でいくことが許されるのなら、独身のフリーターほど身軽な存在はないだろう。

ただし、そうした身軽さが、必ずしも居心地の良さにつながっているとはかぎらない。というのは、社会的な義務や責任を免れている身軽さは、社会的に安定した位置づけを確保していない不安定さにつながるからだ。自分にはまだまだ可能性があると思うことができるとしても、そこには必然的に、今はまだ何者にもなっていないことの不安や焦りが伴う。社会的にどっしりと腰を据えて何かに取り組んでいるということがないのだから、使命を果たしている、やるべきことをやっているといった充実感が得られることもない。

結局、自己定義を先延ばしにし、自己物語を身にまとわないために、社会に安定的につながることができず、生きる方向性が見えてこないし、自分の日々の経験や行動に意味が感じられない。このままではだるすぎる、何か目標がほしい、燃焼感がほしい、などと思いつつも、自己物語という枠組みがないため、どうしたらよいのかがわからない。モラトリアム時代の倦怠感は、このような事情で蔓延しているのではないか。

自己物語の破綻と多重人格

人にはいろいろな可能性がある。せっかくいろいろなものになり得る自分を、ひとつの可能性にのみ封じ込めるのはもったいない。とりあえずはある生き方を選んだとしても、別の可能性も残しておきたい。できることなら、複数の生き方を生きることはできないものだろうか。そんな気分になるのももっともである。

複数の自己物語を同時的に生きようとすると、個々の行動を導く座標軸が定まらないため、混乱が生じ、安定しない。だが、下位レベルの複数の小さな自己物語を時間をずらして生きるというのは可能だ。たとえば、昼間はバリバリのビジネスマン、夜は反社会的なパンク・ロッカーというように。

でも、その場合も、複数の物語を包摂《ほうせつ》する、より大きなひとつの自己物語があるわけである。自分の可能性をあまり狭めずに、いろんな自分を活かすということを考えたら、下位レベルに別の物語を包摂できるような柔軟な自己物語をもつことが大切だ。

自己のさまざまな体験をひとつのつじつまの合った物語に綴りあげることができないとき、解離性人格障害というのが生じることもある。一般には、多重人格と呼ばれるものだ。

北米にとくに多いと言われる解離性人格障害の発生に関与していると考えられているのが、幼い頃の被虐待経験である。日本でも、精神医学者の町沢静夫らが被虐待経験が生んだと思われる人格解離による一二もの人格をもつ人物の症例を報告している。この患者の心の中には、両親から虐待を受けても恐怖におののくだけで抵抗できない人格、父親から性的虐待を受けそうになったときに抵抗した人格、こうした過酷な境遇の中で生まれた残酷な人格、平然と虐待を受け何の痛みも感じない人格、母親を恨む人格のように、多くの人格が解離しつつ同居している。

過酷な体験による恐怖や親に対する憎しみを意識するのはあまりにも恐ろしいので、そうした体験や意識を含む人格の部分が別人格であるかのように切り離される。とても受け入れがたい経験を別人格に帰属させ、それを切り離すことによって、中心的人格が表面上は心の安定を得ることができる。

だが、それはあくまでも偽りの心の安定にすぎず、一貫した自己物語の中に身を置いていないことの不安定さに苦しめられることになる。そうでなければ、人格の解離は病理とみなされる必要はなかっただろう。

僕たちは自己物語を通してものごとを考えたり感じたりする

演劇や映画、テレビドラマを見るとき、役者がそれぞれ与えられた役柄を演じているということに異議を唱える者はいないはずだ。

プロの脚本家が設定した役柄をそのシナリオに沿って、これまたプロの役者が迫真の演技を演じるのだから、見る者はいつのまにか演じられている世界に引き込まれ、登場人物が自分の意思で自発的に動いているかのような錯覚を起こしてしまう。でも、一歩引いてみれば、登場人物が自分の意思で動いているわけではなく、その人物を演じる役者が与えられたシナリオに沿って動いていることは、だれもが認めざるを得ない。

では、僕たちが現に生きている生《なま》の人生はどうだろうか。テレビドラマのような人工的に演じている世界ではなく、ごく自然に生きている世界なのだから、人生をテレビドラマなどにたとえるのはおかしいと思われるかもしれない。だが、自己物語の心理学の立場からすると、役者ばかりでなく実人生を生きる僕たちも、自己物語というシナリオに沿って動いていると見ることができるのだ。

自己物語の筋立てに沿って動くことが自動化しているために、そうしていることを改めて意識することはないかもしれない。でも、じつは、自分自身の意思によって自発的に動いているように思い込んでいるけれども、僕たちは採用している自己物語の主人公がとるであろう考え方を推測して考え、感じるであろう感情を推測して感じ、とるであろう行動を推測してとるのだ。僕たちが自分らしさにこだわり、自己のアイデンティティを強く求める理由もここにある。

自分がどんな物語の主人公を生きているのかがわからないと、日常生活でどんなふうに感じ、考え、行動したらよいかがわからず、路頭に迷ってしまう。自分がわからないといって身動きがとれなくなる人は、そんな心理状態に置かれているのだ。

社会学者クーリーは、自己というのはすべて社会的自己であると言い、個人と社会は決して切り離すことはできないという立場をとった。たしかに僕たちは、社会から切り離された独自な個人として考えたり、感じたり、行動したりしているのでは決してない。そもそも社会から切り離された個人などというものは考えられない。そして、僕たちは、社会と自分をつなぐ自己物語の筋立てを生きている。

ゆえに、自分がどんな自己物語を生きているのか、その筋立てを知ることにより、日々の生活のどんなところが困難をもたらしているのか、どんなものの見方や行動のとり方が他者との間に軋轢《あつれき》を生じたり自分を苦しめたりする方向に作用しているのかの見当がつけられる。

自己物語の筋立てをチェックし、その主人公として振る舞う自分のものの見方や行動のとり方の癖がわかることで、生活の立て直しがしやすくなる。どこをどう変えたらもっと楽になるかのヒントがつかめる。では、自分が生きている自己物語の筋立てをどうしたら知ることができるのか。それは、次章以降で徐々に明らかになっていくであろう。

論証的思考と物語的思考

認知心理学者ブルーナーは、思考には二つの基本的な様式があるという。それは、論証的思考と物語的思考である。

論証的思考とは、あることがらが真実であることを、論理的という意味での形式的な説得力を武器として証明しようとするものである。そこでは、論理的に判断して正しいか正しくないかが問われるのであり、科学的な議論の場では一般にこの思考様式が用いられることになる。

これに対して、物語的思考とは、あることがらが真実であることを、迫真性というものを武器にして納得させようとするものである。そこでは、論理的に正しいか正しくないかでなく、つながりのよい筋の流れ、興味を引く話の展開、心を動かす話の筋立て、信憑《しんぴょう》性《せい》のある説明の仕方が重視される。それによって、なるほどと思えるようなもっともらしい話、共感できる話を導こうというものである。

ある人が自己を語るとき、聞き手はその語りを論証的思考において理解しようとするのではない。同じく人生を生きる者として、その語り手の気持ちをわかりたい、その人生の流れを理屈よりも感情レベルで理解したいと思って耳を傾けるのだ。

物語る側も、論理的な整合性よりも、聞き手の注意を喚起する興味深いエピソードや思いがけない展開を組み込むことに留意し、論理よりも自分の気持ちをアピールする。それによって、伝えたいことがらに信憑性をもたせ、共感を得ようとする。論理的な整合性とは関係なく、いつの間にか話に引き込まれ、思わずうなずいてしまう。物語ることの上手な人は、そんな説得力をもっているものだ。そこに働いているのが物語的思考である。

正解を追求する論証的思考に対して、物語的思考は、よいストーリー性を追求する。よいストーリー性をもつ物語とは、いかにもありそうな物語であり、なるほどと思わせる物語であり、思わず共感してしまう物語であり、興味を引く物語である。そして、自己物語は、論証的思考ではなく物語的思考によって綴られ、また語られるのである。

自己物語に求められる社会性

宗教や神話、その土地に根ざした慣習やしきたりのような、生きる枠組みとして機能してきた物語的文脈を失った多くの現代人は、新たな自分の物語を求めて、自己探求の旅に出ることになった。自分さがしというのは、そのような流れの中で、現代人にとってのキーワードとなっていったのだろう。

自分さがしといって、自己の内面を見つめるということがよく行われるが、いくら自分の内面を見つめたところで、そこに社会とつながる視点が豊かに蓄積されていなければ、その自己探求の旅は成功しない。

自己探求の旅でさがし求められているのは、生きる勇気を与えてくれる自己物語である。ただし、自己物語は、社会的なものでなければ、過去から現在に至る諸経験に意味のあるまとまりをつけ、目の前の現実に対する行動を調整するものとして、うまく機能することはできない。

そこで必要なのが、他者と語り合う中で物語に社会性を注入すること、他者の視点を導入することである。

自己物語は、僕たちの自分というものが社会に根ざしたものであるかぎり、自分のものであると同時に社会のものでもある。自分の物語だからどんなものを構築してもよいということはなく、社会に根ざしたものでないとうまく機能していかない。独りよがりの自己物語では、ただの妄想になってしまう。

正しい自己物語、正しくない自己物語というように診断する絶対的基準があるわけではないけれども、現実社会に自分をつなぐものとしてうまく機能するかどうかを見極めることは必要だ。

独りよがりの自己物語にせずに、社会に根ざした自己物語を構築するのに欠かせないのが、語り合う他者の存在だ。相互に承認し、部分的に共有しあえる自己物語の構築をめざす中で、自己物語は社会性を獲得していく。そのあたりのことについては、次章で詳しく見ていくことになる。

人生の節目には自己物語の書き換えと語り直しが必要

人生の節目には、アイデンティティの大きな危機に見舞われると言われる。それは、言い換えれば、自己物語の書き換えが必要になるということである。つまり、それまで機能していた自己物語がもはや現実と自分をつなぐものとしては通用しなくなり、以前とは違う、目の前の現実に適用可能な新たな自己物語の構築が求められるのだ。

受験、入学、卒業、就職、結婚、子どもの誕生、中年期の体力の衰え、子どもの独立、定年退職、配偶者の死など、人生のあらゆる節目ごとに、自己物語の大きな書き換えが求められる。それまでの自己物語にこだわり、しがみついていても、どこかに無理が出てくる。現実との間の距離が生じ、しっくりいかなくなる。

だからといって、「はい、では、つぎはこの物語を」といった具合に、ただちに新たな自己物語がどこかから与えられるというものではない。やはり、相互に自己物語を承認し合ってきた仲間との語り合いを通して、納得のいく形で自己物語を書き換えていくことが必要だ。

自分がこれまで生きてきた、そして今も生き続けようとしている自己物語へのこだわりや、それと自分が現に置かれている現実状況との間のギャップについて語り合う中で、断念すべきところは断念し、付け加えるべき新たな要素を付け加えながら、全体としての物語筋も徐々に組み換えられていく。

新たな自己物語創出の必要性に迫られているときこそ、語り合える仲間、語り合いの場が求められるのである。

3章

自己物語は聞き手によって形成される

1　語ることと聞くことの意味

妄想は、聞き手に納得されない経験

いつもだれかに見張られている、だれかが自分の後を尾行している——、そんな訴えをする人に出会うと、たいていの人は妄想に違いないと判断するだろう。もちろん、その訴えを聞いた人が、実際に尾行者がいることを確認できた場合には、その訴えは妄想どころか事実とみなされる。だが、現実にはそうした訴えは妄想であることが多い。

でも、事実じゃないから何も問題ない、と否定してすませられるかというと、そんな単純なことでもない。僕たちは、物理的世界に生きているだけではなくて、心理的世界にも生きている。だれも尾行者はいないというのが物理的世界の現実であっても、だれかにつけられているような気がするという心理的世界の現実があることを無視するわけにはいかない。問題は、そうした心理的な現実をわかってもらうには、どのように説明したらよい

かということだ。

そこで大切なのは、だれかにつけられているような切迫した気持ち、他者の視線を過剰に意識する気持ちに対して、人から共感し、納得してもらえるような説明をつけることである。だれかが尾行しているといった説明でなく、もっと信憑性のある説明、なるほどと共感しやすい説明をつけることである。だれかが尾行しているなどという説明ではわかってもらえなくても、説明の仕方しだいでは、切迫した気持ち、人の視線を過剰に意識せざるを得ない気持ちをわかってもらうことができるかもしれない。

だれでも自分の中にモヤモヤしたものを感じることがある。それは、焦りのようなものであったり、怒りのようなものであったり、恥ずかしさのようなものであったり、恋心のようなものであったりする。

そうしたものを自分の中に感じ取ったとき、その感情なり衝動なりにどんな名前をつけ、その発生メカニズムをどのように説明するかが重要となる。聞き手に納得のいく説明ができれば、そのモヤモヤ経験はうまく社会化されたことになる。納得のいく説明ができないとき、その経験は社会化されず、たとえば妄想とみなされたりする。

自分の中の経験は、他者の承認によって社会化されないかぎり、モヤモヤしたまま溜め込まれたり、表現されたとしても単なる妄想にすぎないということになったりする。自分の経験を他者に承認してもらい、共有してもらうことで、世界の中に自分の経験を位置づけることができる。つまり、世界の中に自分の存立基盤を得ることができる。

聞き手の納得する語り方を身につけていないとき

説得力のある物語筋のもとに自己の諸経験を配置して、語り聞かせる。その語り口に対して、聞き手の承認が得られ、共感が得られると、その自己物語が社会的に認められたことになり、安定した物語の主人公としての地位が保障されたことになる。

では、どんな語り方をしたら聞き手の承認が得られるのか。大事なのは、なるほどと思えるような、いかにもありそうな説明によって構成された語りをするということである。それをうまくするためには、人が一般にどんなふうに自己の経験を語るかということを熟知している必要がある。

小さい頃から友だちと一緒に遊ぶことがほとんどなく、ゲームを相手に一人遊びしていたような子が、自己の経験を社会化するのに失敗し、妄想的な世界の住人となるようなケースがある。そのようなケースでは、経験を社会化するための語り方を体得していないということろに問題があるのだ。周囲の人たちに納得してもらえるような語り方ができるようになれば、自己の経験はすっきりと整理され、社会の中に安定した居場所を築くことができるに違いない。

大切なのは、身近な人たちとの語り合いを十分に経験することを通して、自己の経験を社会化するための語り方を体得することである。その意味で、近所に遊び集団というのがあまり見られなくなり、いろんな友だちとかかわりながら育つということがなくなった最近の若者たちの間で、「自分がわからない」といった訴えが急増しているのも、当然予想されたことと言える。

自己物語の原型は、家族の語り合い

子どもが社会化していく過程で、もっとも影響力があるのは、家族関係ではないだろうか。自己物語の構築についても、それはあてはまる。親は、とくに母親は、まだ物心つかない乳児に対してさえ、いろいろなことを囁き、話しかける。ましてや、わが子が言葉を理解し、さらにはしゃべれるようになると、親はますますいろんなことをわが子に話すようになる。

子どもたちを取り囲んでの一家団欒の会話の場では、子どもたちの幼い頃の微笑ましいエピソードが語られる。それに対して、子どもが質問し、親がうれしそうにコメントする。そうした親による語りを通して、僕たちは自分の幼い頃の経験を整理し、自己物語を過去に向けて拡張していくことができる。子どもは、自分自身の幼い頃のことなど記憶にないので、親が語ってくれる自分の幼い頃のエピソードを聞くのをとくに好むものだ。

アルバムをめくりながらの家族語りというのが典型だが、最近ではビデオを見ながらの家族語りのほうが一般的になってきたかもしれない。いずれにしても、子どもが自分の姿や周囲の状況を眺めながら、その場面の意味するものに関する親による説明に耳を傾ける。それを聞いて、子どもは記憶の彼方にほのかに浮遊する幼い頃の断片的な記憶を汲み上げ、親の語りの文脈に合わせてそれを語る。これに対して、親が修正を加えたり、補足説明をしたりする。こうしたやりとりを繰り返すうちに、子どもは自分自身で幼い頃のエピソードや自分の特徴を語ることができるようになる。

こうして安定化する幼い頃のエピソードを中心とした自分についての語り方が、その後の人生を方向づける自己物語の原型となる。

やさしい子のエピソード、がんばり屋さんのエピソード、冒険家のエピソード、繊細で臆病な子のエピソード、だれにでもすぐなつく社交家のエピソード、いつもみんなを笑わせる明るいひょうきん者のエピソード。そうしたエピソードが生き生きと描写され、そこから読み取れる本人の性格についてのコメントが加えられたりする。そうした経験を重ねるうちに、自分はこんな子だったのだ、といったアイデンティティが形成されていく。逆にいえば、僕たちのアイデンティティの中核には、家族の語りの場で繰り返し語られてきた幼い頃の自分をめぐるエピソード群が凝縮されているのだ。

ためしに振り返ってみよう。自分の幼い頃のエピソードが自分の中に定着したプロセスを。ひとつひとつのエピソードについて、それがどのような場でどんなふうに語られたかを、できるかぎり詳細に思い出してみよう。そうしたエピソードは、どのようにして自分自身の記憶となったのだろうか。

価値があると思えるエピソードが個人の記憶となる

生まれる前のことを記憶していると主張する人もいる。そこまでいくと眉唾ものではないかと疑いたくもなるが、ふつうは覚えていないはずの一歳とか二歳の頃の自分のエピソードを記憶していると言う人については、もしかしたらほんとうに覚えているのかなと思ったりもする。それについて語らせると、かなり詳細にわたって、その場面の様子を描写できる。

だが、そのようなケースでさえも、本人が実際に保持しつづけてきた記憶である保証はない。本人がそのときのことを直接記憶していたのではなく、後に親からそのときの様子を繰り返し聞かされることによって、いつのまにか自分が体験し、直接記憶していることのような気がしてきただけかもしれない。

たとえば、ヨチヨチ歩きの頃の自分が、チョウチョを追いかけて草原をうれしそうに歩き回っていたときに、子猫が目の前にひょっこり現れ、お互いにびっくりしてしばし見つめ合っていたが、突然泣き出して、猫もびっくりして逃げていったというエピソードを記憶していたとする。このエピソードを思い出す際に、ヨチヨチぎごちなく歩き回っている自分の愛らしい姿や猫と見つめ合っているときの自分のキョトンとした表情、しばらくして泣き顔に移行するときの表情の変化などについてのイメージが浮かぶとする。

そこまではっきりしたイメージがあるのだから、ほんとうの記憶だと信じるのがふつうかもしれない。だが、ここでちょっと考えてみよう。自分自身のぎごちないヨチヨチ歩きの姿やキョトンとした表情、あるいは泣き顔に移行する表情の変化などは、いったいだれの視点から見られたものなのだろうか。自分自身の視点ではあり得ない。

そうなると、そのイメージは、自分を観察している他者の視点から構成されていることになる。したがって、これは、本来自分自身が保持していた記憶ではなく、親などの自分を観察していた他者による語りをもとに再構成された記憶なのではないかと考えざるを得ない。何度も聞いているうちに、そのイメージが定着し、自分自身の記憶と勘違いするほど身近なものとなっていく。

こうしてみると、自分の過去についての記憶には、個人の所有物というよりも、家族などの集団の構成員の共有物といった側面があるのかもしれない。一家団欒の場のような共同想起の場で持ち出され語られた個々の構成員の想起内容が、その場に居合わせた人たちの間で共有され、いつのまにか個々の構成員に自分自身が直接経験したものとして取り入れられ、その後の各個人の想起を方向づける。家族のような一体感を強く持ちがちな集団では、こうしたことが頻繁《ひんぱん》に起こっていると推測される。

でも、そうだからといって、その種の記憶に価値がないわけではない。問題なのは、本人が自分のエピソードとして保持しているということである。ほんとうに自分が体験し直接記憶しているものでなくてもかまわないし、さらには実際にそんなエピソードがじつは存在しなかったということでもかまわない。本人が、とくにそのエピソードを自分のエピソードと信じ込み、記憶しているということが重要なのだ。

ライフ・スタイルというものを重視する個人心理学を提唱したアドラーは、人が自分自身と人生に与える意味を的確に理解するための最大の助けとなるのは記憶だという。記憶というのは、どんなささいなことがらと思われるものであっても、本人にとって何か記憶する価値のあるものなのである。自分にまつわるエピソードが想起され、語られるとき、重要なのは、エピソードそのものの事実性ではなく、そのエピソードがとくに記憶され、想起され、語られたということなのだ。

事実よりも物語としての真実さ

自分のものとして語られるエピソードには、本人の自己観や世界観が縮約されている。本人が、そのエピソードが自分の人生の流れにおいて重要な位置を占め、人生の意味を暗示していると信じているからこそ、わざわざ記憶されたり、想起されたり、語られたりするのだ。

そうしたエピソードを素材として散りばめて綴られる自己物語は、それが事実かどうかを糾弾《きゆうだん》される必要はない。説得力ある文脈の流れをもち、現実の出来事や自己の経験を意味のある形で解釈する力を与えてくれればよいのである。現実に起こった出来事を忠実に反映している必要もないし、そもそも親をはじめとする身近な人たちとの語りの場で創作されたものがその中核をなしているものだ。事実かどうかは問題ではない。

精神分析家スペンスは、物語を重視する立場から精神分析について考察しているが、その中で歴史的事実と物語的真実の区別を強調している。その区別に即して言えば、自己物語にとって重要なのは、歴史的事実性ではなくて、物語的真実性なのである。

スペンスも指摘するように、心理療法家は、相談に訪れたクライエントを援助するために過去の葛藤の歴史的事実を見抜く必要はない。重要なのは、クライエントの語りにあらわれる物語的真実のほうだ。そして、心理療法家は、クライエントが自分自身の過去の物語をより矛盾のない一貫したものへと語り直していくのを促進することによって、クライエントを援助することができるのだ。たとえその改訂された自己物語が歴史的事実に厳密に一致しなくてもかまわない。本人が納得できる物語であり、社会的にも受け入れられる物語であればよいのである。もちろん、本人が生きる勇気を汲み取ることができるような物語であるのが望ましい。

人は行き詰まったとき、聞き手を求める

人は、人生に行き詰まったとき、だれかにその窮状を語る必要に迫られる。こちらの語りに耳を傾けてくれる聞き手を必要とする。人生に行き詰まるというほど大げさなものでなくても、ちょっと深刻な悩みをもったときや迷いを感じたとき、悩んでいることや迷っていることをだれかに語らずにはいられない。

そこでは、聞き手に対して自己を語ることによる自己物語の書き換えが行われる。目の前の現実に対して無力になってしまった自己物語を、今の現実により即した有効な自己物語へと書き換えていくことが課題となっている。

悩みや迷いを語る人を前にするといった状況に慣れない人は、自分が何か解決策を授けてあげなければいけない、何らかの方向づけをしてやらなければならないと考えがちである。だが、そんなことは必要ない。本人がなかなか答を出せないような難問に、他人がそう簡単に答を出せるわけがない。

じっくり耳を傾けてあげること、それだけで十分に助けになってやれるのだ。大事なのは、悩んでいる本人、迷っている本人が、考えつつ語る、自分の心のうちに問いかけ、そこから何かを引き出しつつ語る機会を十分もつことなのである。そうした場をもたせてあげることができれば、それで十分役に立っているのだ。

語る中で何かが見えてくる。語るということは、まだ意味をもたない解釈以前の経験に対して、語ることのできる意味を与えていくことだ。そこに、モヤモヤとしたものが形をとってくる。意味のあるまとまりが見えてくる。僕たちは、自分の経験をだれかに語るとき、語りながら意味を生み出し、自分の経験を整理しているのだ。自分でも意味がわからない、どう解釈したらよいのかがわからない出来事や経験を人に語ろうとするとき、大きな困難を感じざるを得ない。

この「語ることのできる意味」ということには、それこそ多様な意味が含まれる。自分なりに語る価値があると感じる意味、語りたいと思う意味を生み出すということでもあるし、聞き手が価値があると感じる意味、なるほどと共感してくれる意味を生み出すということでもある。

語ることで立ち直れる

たとえば、自然災害や事故あるいは犯罪によって、家や財産を失ったり、家族を失うなど、重大な喪失体験をした人の立ち直りの過程では、じっくりつきあってくれる聞き手を前にしての語りのもつ意義はとても大きい。そうした語りを通して、無効化してしまった自己物語の再構築、あるいは自己物語の中に収めにくい納得のいかない出来事を包み込めるようなより大きな自己物語の再構築が行われなければならない。

そこでは、こちらの語りにじっと耳を傾けてくれる人の存在意義がきわめて大きい。「なぜ、よりによって自分がこんな目にあわなければならないんだ」「あのとき、ああしていればよかったのに」「あんなことしなければ、あの子は犠牲にならずにすんだのに」というように、やり場のない怒り、納得のいかない気持ちや、後悔と自責の念を交えて、責任の所在や運命をめぐって、自分自身との対話を繰り返す。

聞き手を前にして語ってはいるものの、そこで行われているのは、自分にとって納得のいく自己物語、しかも新たな現実に対しても有効に機能する自己物語の綴り方の模索である。何度も何度も語り直す中で、納得のいく適切な文脈が生み出されていく。

そんな被災者に対して、「悪いことは早く忘れてしまおう」「いつまでもくよくよしていたってしようがない」「そんなことばかり考えていても何も変わらない」「もっと前向きに考えていこう」のように叱咤激励して、整理のつかない気持ちの吐露を抑えてしまうのは、何の援助にもならない。何の生産性もないと思われる単なる愚痴やひねくれた考えにも無批判に耳を傾け、何度も繰り返す堂々めぐりの話にもじっくりつきあうことこそが、何といっても大切なのだ。

カウンセリングにおいて、積極的傾聴と無条件の受容が必要条件であるように、被災者の立ち直りの過程でも、無批判に耳を傾けてくれる聞き手の存在が不可欠といえる。そうした聞き手を前にして、自己の体験や思いを十分に語りつくすことによって、自己物語に新たな展望が開けてくる。つまり、悲惨な体験を取り込みながらも、前向きの流れを維持することのできる新たな自己物語が徐々に生み出されてくる。

よく「吹っ切れた」などと言うが、それは今の現実を取り込むことができ、それを前提とした前向きの将来展望をもつことを可能にするような、新たな自己物語を手に入れたことを意味するといってよいだろう。

自己開示の三つの効用

自己の体験を披露し、それをめぐるさまざまな思いを吐露するような語りには、カタルシス効果、自己洞察効果、不安低減効果という自己開示の三つの機能が働いている。自己開示というのは、自分について他者に知らせること、つまり自分の考えていることや感じていること、過去の経験や将来展望など、自分がどんな人間であるかがわかるような情報を他者に伝えることである。

カタルシス効果というのは、胸の奥深く押し込められていたものをだれかにぶちまけることによって、気持ちがスッキリし、ストレスが軽減されることをさす。自己洞察効果とは、自分の体験や思いをありのままに何度も繰り返し語ることによって、自己の内面に対する洞察が促進され、考えがまとまったり、気持ちの整理がついたりすることをさす。不安低減効果とは、同じような体験をした者同士が自己の内面を打ち明けあうことによって、他の人も同じような思いや悩み、症状をもっていることを知り、それによって自分の反応が正常なものであることが確認され、不安が低減することをさす。

このような自己開示がうまく機能するためには、くどい話や愚痴にもじっと無批判に耳を傾けてくれる聞き手の存在が必要であり、また同じような体験をもつ被災者同士が語り合う場が必要である。

語ることで、新しい自己物語が生まれる

そうした語りの場において、「人生って何だろう」「自分はこれまで何のためにがんばってきたんだろう」「崩れてしまった人生設計をどうすればよいのだろう」「この先いったいどうしたらよいというのだろう」などの問いに直面し、被災という自分にとっての大事件をめぐる自分なりの物語を作り上げては書き直すといった作業を何度も何度も繰り返していく。納得のいく物語に到達するまで、修正に修正を重ねていく。新たな文脈のもとに個々の体験や登場人物、仕事など生活の諸要素を配置し、それぞれの意味づけを変えてみることで、新たな自己物語の可能性を模索する。

そうこうするうちに、今自分が置かれている状況に対処するのにふさわしい自己物語、これから生きていく上で力を与えてくれる自己物語が生み出されていく。もちろん、すべてにおいて満足のいく物語を打ち立てることなど期待できない。あきらめたり、要求水準を下げたり、方向転換を試みたりと、いろんな点で折り合いをつけたあげくに、ようやくそこそこに納得のできる物語に到達するのである。

自分の置かれた現実に対処する力とならない従来の自己物語に代わって、現実を肯定的に受けとめることができる新たな自己物語を獲得し、その中に自己の悲惨な体験を位置づ

けることができると、気持ちが落ち着くとともに、未来に対する明るい展望が開かれてくる。

折り合いがつかないうちは、思い出したくない気持ちや話したくない気持ちと、話さずにいられない気持ちやだれかに聞いてもらいたい気持ちとの間を揺れ動き、焦りや怒り、悲しみや不安が渦巻いて、人間関係や仕事など生活全般が不安定となる。

回想や内省をしょっちゅう行い、何度も繰り返し語ることによって、崩壊し無効化してしまった自己物語に代わるものが徐々に形を取り始める。一人で回想や内省をするのでは、自己物語の社会性が保証されない。先にも指摘したように、自己物語は聞き手が納得するものでなければならない。聞き手が納得できない物語は、妄想に似た歪んだ解釈とみなされ、社会的承認が得られない。

聞き手の共感や承認を得ることによって、自己物語は単に一人だけの思い込みなどではなく正当なものとみなされるようになる。そのためにも、聞き手を得て十分に語ることが必要なのだ。こうして進行する有効な自己物語の構築が、いわば立ち直りを意味するのである。

聞き手は語り口を左右する

このように自己物語の構築には、語りにつきあってくれる他者が大きく関与している。僕たちは、身近にかかわっている相手から突きつけられる期待に沿った態度を示すことによって、その相手にとっての自己物語の登場人物として、その相手の生きている物語を部分的に自己物語に取り込むことになる。

人と語り合っているときのことを思い出してみよう。僕たちは、よほどひねくれていないかぎり、語り合っている相手の期待を極力裏切らないように、相手の同意が得られるような方向に、自己を語るものだ。突然に自己を語るように言われたら、だれもが「さて、どんなふうに語ろうか」と迷うはずだ。なぜ迷うのか。それは、同じ自分を語るにしても、いろんな語り方があるからだ。そのとき参照するのが相手の示す反応だ。

つまり、僕たちが自己を語るとき、自己物語の語り方の多くのバージョンのうちどれを採用するかは、聞き手の反応を見ながら決めているのである。僕たちは、自分の過去についてさまざまなことを想起することができるが、思い出すことのできる記憶のストックの中からどれを引き出してくるかは、そのときどきの聞き手の反応をモニターしながら判断する。

聞き手の反応を見て、これはどうもよくないなと感じたら、話の詳細を省いたり、話の枠組みや内容に変更を加えるなど、語り口を変えていく。聞き手の反応がよいと感じた場合には、自信をもって話の詳細を生き生きと語るだろうし、勢い余ってアドリブで話に起伏をつけたりするに違いない。

聞き手の反応が語りを導くというのは、なにも自己物語を語る場にかぎらない。たとえば、授業や講演もそうだ。聴衆を前に話し始めてしばらくたつと、非常に話しやすい場であるか、どうにも話しにくい場であるかがはっきりする。

教員同士の会話でも、ノリの良いクラス、ノリの悪いクラスといった言い方がある。ノリの良いクラスというのは、こちらにじっと視線を向けるだけでなく、ときどきうなずいたりして興味を引かれている、納得しつつ聞いているといった信号を発する聞き手が何人かいるクラスである。そういった反応があると、話す側も気持ちが乗ってきて、わかりやすく例をあげる努力をいつも以上にしたり、予定外の雑談までしたりする。それによって、聞き手の反応はますます好意的・共感的なものになっていく。

それに対して、うなずく様子もなく、ボーッとしたうつろな表情が目立ち、反応が極度に乏しいクラスもある。そうしたクラスでは、反応の悪さに気持ちが滅入ってきて、めんどくささや早く終わりにしたいといった気持ちが先に立ち、予定していた説明も省きがちとなり、雑談などする気力も失せ、淡々とただ義務的に話すことになる。そうなると、聞き手の反応もますます鈍くなっていく。

このように聞き手の反応は、語り手の気分を左右し、その結果として話し方ばかりでなく話す内容さえ変えてしまうほどの力をもっている。

これは、自己物語の語りにも通じることだ。自己物語を語る際に、想起する内容も、その語り方も、聞き手の反応をモニターしつつ、できるかぎり聞き手の共感や承認が得られそうなもの、効果的なものが選ばれる。こうして聞き手は自己物語の語り方を大きく左右しているのである。

聞き手が新たな視点を誘発する

思い悩んでいるとき、なかなか解決策が見つからないとき、僕たちはだれかにその思いを語りたくなる。ただし、だれかが答を出してくれることを期待しているわけではない。ここが、カウンセラー、カウンセリングに関して多くの人たちが誤解している点だ。

カウンセラーは、悩みを抱えて話しにくるクライエントに対して、どうしたらよいのかをアドバイスするものだと思われがちだ。そこで、こんな悩みをもつ人にはどんなアドバイスをしたらよいのかと尋ねられたりする。しかし、悩みを抱えてやってきた人の相手をするというのは、そういうことではない。

人からよく相談される人というのは、じっくり相手の話に耳を傾けてくれる人であるはずだ。相談者は、答をすぐに出してほしいのではなく、まずはじっくり話を聞いてほしいのだ。語りたいのだ。

相談に行って、親切にもこちらに代わって即座に答を出してくれる人がいたとして、それは助かったと素直にその回答を採用するほど、僕たちは単純素朴ではない。だいいち、本人がいくら考えてもわからない難問に対して、事情もよくわからない他人からそんなに簡単に答を出されてはたまらない。

だからといって、人に話すことが役に立たないというのではない。いや、むしろ大いに役立つのである。あんなに悩んでいたのに、いろいろ迷うばかりでどうにも答が出なかったのに、人に話してみたら案外簡単に建設的な解決策が見つかった。そんなことも珍しくない。やっぱり盲点ってあるもんなんだなあ、と改めて感心する。事の大小はともかくとして、そうした経験はだれにもあるのではないだろうか。

そうしたケースでは、悩みや迷いを話した相手が答を出してくれたわけではない。相手に事情がわかるように話して聞かせているうちに、これまでと違った視点からの回答がふと思い浮かんだのである。これまでいくら考えても思い浮かばなかったことが、別の構図のもとに突然浮かび上がってくる。迷いが吹っ切れる瞬間というのも、そのようにして訪れるのだろう。

では、そうした別の構図をもたらす新たな視点は、いったいどこからやってくるのか。それは、語り合いの中からというしかない。聞き手がいることで、聞き手にわかるように事情や自分の悩める思いを説明しようとする。聞き手がわかってくれないことには話が進まないので、聞き手に理解してもらうにはどう説明するのがよいかを工夫しながら話すことになる。

そこで意識されるのが、聞き手の理解の枠組み、つまり聞き手がものごとを理解するのに主として用いている枠組みである。聞き手の理解の枠組みを意識しながら、事情を説明し、自分の悩める思いを説明しているうちに、自分の理解の枠組みと聞き手の理解の枠組みが交錯しつつ融合し、そこに自分ひとりで考えていたときとは違った視点がもたらされる。そんな感じなのではないだろうか。

その新たな視点を採用してみると、これまでの経験も違った意味をもってくる。目の前の現実の見え方も一変する。これは、過去の経験や目の前の現実を解釈する文脈として機能する自己物語に変化が生じつつあるということ、つまり新たな自己物語が生成しつつあることを意味する。

文化的文脈の力

自己物語の変化というのは、いわば経験を解釈する枠組みとして働く文脈の変化のことだ。文脈がものの見方を決定するというのは、前章で見たとおりである。同じ出来事も、文脈によって違った見え方になる。同じ経験も、文脈が違えば違った意味をもつ経験となる。

文脈のもつ力の威力を思い知らされるのは、異文化のもとに身を置くときだ。自分が育った文化的文脈のもとでは当然のこととみなされる行動が、ある別の文化的文脈のもとでは非常に失礼な行動とみなされたり、無能の証拠とみなされたりする。

たとえば、発達心理学の東《あずま》 洋《ひろし》・柏木恵子たちの、子に対する母親の発達期待に関する日米比較研究でも確認されたように、一般に日本の母親はわが子に素直さ・従順さを身につけることを期待する傾向が強く、アメリカの母親はわが子に自己主張性や指導性を身につけることを期待する傾向が強い。

そうした文化的圧力のもとで育つわけだから、日本人は人の言うことに素直に従い、周囲に合わせる協調的な人間になっていく。それが望ましい人物像でもある。ところが、そのような人物がアメリカに渡ったとすると、とたんに行き詰まる。どこまでも強く自己主張をして自分の意思を貫くのが望ましいとされるアメリカ文化のもとでは、人の言うことに素直に従い自己主張を極力避ける人物は、模範的どころかいかにも無能で情けない人物とみなされかねない。

逆に、アメリカ文化のもとで、しっかり自己主張し、自分の思うように周囲の人たちをコントロールすることのできる人物像をめざして自己形成してきた人は、アメリカ文化のもとでは有能な人物として肯定的な評価を得ることができるはずだ。ところが、そういう人が日本にやってくると、利己的で協調性のないわがままな人物として否定的に評価されかねない。

ところで、日本文化のもとで育った人が、アメリカ文化の中に身を移すことによって、自分には人に合わせる従順さや協調性があることや、自己主張が苦手なことが改めて意識される。異文化のもとに身を置くことで、日頃意識していなかった自分の一面に気づくことができる。これは、文化的な文脈の違いがもたらす自己発見といえる。つまり、文化的文脈の違いが別の視点を与えてくれるために、自分の見え方もふだんと違ったものとなり、そこに新たな自己の発見があるというわけだ。

文化の違いというのは、何も別々の国同士の間に見られる大がかりなものにかぎらない。僕は、数年前に名古屋から大阪に移ったが、両者の間に見られる文化的文脈の違いには、大いに戸惑ったものだ。自己主張のあり方に、日米の差ほどではないにしても、大きな違いがあることを実感している。

もっと小さな範囲でいえば、家庭というのも独自な文化的文脈をもっている。結婚した二人が戸惑うのは、自分は当然と思っている生活習慣が相手にとって違和感があるものだったり、相手が当たり前のようにすることがこちらにとっては意外なことだったりするからだ。これは、お互いの育った家庭がもつ文化的文脈の違いによるものである。そこで、自分あるいは自分の家庭がもっているものの見方の特徴、言い換えれば文脈の偏りに気づく。これは、一種の自己の再発見でもある。結婚して最初の数年間に夫婦の衝突が多いというのも、お互いが知らず知らずのうちに身につけてきた文化的文脈の調整に手間取るからと考えることができるだろう。

深いかかわりから新しい自己は発見される

自己に出会うためには、二つの相反する方向に行き来することが必要となる。それは、他者に向かうという方向と自分自身に向かうという方向である。この両方向の動きの循環の中で、自己のあり方が点検され、自己の創造が行われていく。それは、ひとり自分を見つめるだけでは成り立たない。自分を見つめるだけで自己の創造の動きが生じるということもあるが、それは前もって他者との深いかかわりを十分経験している場合に起こることだろう。

他者と向き合うというのは、心を開き合うこと、単なる世間話をするようなかかわりではなく、自己をさらけ出してつきあうことをさす。そこでは、自分の考えていること、感じていることが率直に語られ、お互いの思いが共有される。しかし、人と人はあくまでも他人同士だ。ものの見方が違うし、感受性が違う。同じ出来事に対しても、それぞれの受け止め方に多少なりともズレがあるのがふつうだ。自己への気づきを得るためには、そうしたズレを実感することが必要なのだ。

それには、お互いの生きている文脈のズレがクローズアップされるような深いかかわりをもつことが前提となる。つきあい始めの頃は、お互いに遠慮がちなところがある。相手の様子をうかがいつつ、できるかぎり相手のものの見方・考え方を尊重しようとする。自分を抑えて、相手に合わせようとする。自分の文脈、つまり自分のものの見方・考え方を相手に強引にぶつけることがないため、相手のものの見方・考え方と真っ向から衝突するようなことはない。

だが、つきあいが進んで親密な間柄になると、お互いに自分の文脈を相手に遠慮なくぶつけるようになるため、相手の思いがけない反応に呆れたり腹を立てたり、ちょっとしたことで口論になるなど、相手のもつ文脈との間のズレが鮮明化してくる。

心理的距離が縮まると、ちょっとしたズレも気になってくる。心理的距離が遠かった頃にはまったく気にならなかったズレがクローズアップされ、なんとかその溝を埋めようという試みが始まる。そうしたことの背後には、わかりあいたいという強い欲求が働いているのだ。

こうして、親しい間柄では、なぜそんな考え方をするのだろう、どうしてわかってくれないんだろう、との思いが強く働き、わかりあいに向けての交渉が行われる。最初の頃はおおらかにかまえていてくれたのに、親しくなるにしたがって口うるさくなったとか、議論を仕掛けてくるようになったとかこぼす人がいるが、深くかかわるとどうしてもそういった感じになりがちである。

それぞれの価値観や感受性がぶつかり合うような深いかかわりの中では、自分の思いを相手にわかってもらえるように語るということがしつこく行われる。相手が「何を言っているのかわからない」「どうも納得がいかない」などと言いたげな反応を示したら、言葉を換え、また論理や筋立てを変えて語り直すことになる。

人との語り合いの場で、僕たちは相手にすぐに通じないからといって簡単にあきらめたりはしない。自分のものの見方・感じ方と他人のそれとの間に大きな溝があるということは、いろいろなかかわりの中で、十分に体験済みである。そこで、相手になかなか通じないときには、何とかわかってもらおうと語り直すことになる。相手のものの見方・感じ方の見当をつけ、相手の視点に立って受け入れやすい論理や筋立てを考え直しつつ、語っていく。

そうしたやりとりを繰り返すうちに、相手の視点が知らず知らずのうちに自分の中に取り入れられていく。相手にわかってもらえるように自己の体験を語り直すということは、相手の視点に立って自己の体験を見つめ直すこと、つまりこれまでとは違った視点で自己の体験を見直し、語り直すことを意味する。そこに自己についての新たな発見があるのだ。深いかかわりの中で自己が発見されるというのは、そういうことだと考えてよいだろう。

語り合いが新たな意味を生み出す

このように、深いかかわりの中で新たな自己が発見されるというのは、自己の経験を振り返り、その意味を解釈する新たな視点が獲得されることを意味する。そこでは、深くかかわり合っている目の前の相手の視点を部分的に取り込んだ、新たな自己物語の文脈が動き始めることになる。

新たな物語的文脈をもって過去の経験や目の前の出来事に向き合ってみると、以前とは違った見え方になってくる。一人で深刻に悩んでいたことを、何かのきっかけで親友に思い切って話してみることで救われるというのは、よくあることだ。これには、胸の内に秘めていた苦しい思いを打ち明けることで、気持ちがスッキリするということももちろんある。だが、それだけでなく、一人で考えていたときには八方ふさがりと思えたのに、意外な解決策が見つかるということもよくある。

そこでは、相手の視点を取り入れた新たな文脈のもとに過去の経験や現在の状況を置いてみることで、それらが違った意味をもったものに見えてくるということが起こっているのだ。前に指摘したように、ひとつひとつの出来事そのものに意味があるのではなくて、それを見る側がもつ文脈が意味を与えるのである。同じような経験をしても、人によって受けとめ方が違うのも、それぞれが経験を解釈する枠組みとして用いている物語的文脈が違うからだ。同じ人物であっても、新たな文脈を獲得すれば、同じ過去経験も違った意味をもつものとして振り返れるようになる。

こうした事情があるからこそ、自己発見のためにはお互いの価値観をぶつけ合うような深い交わりをもつことが大切だと言われたりするのだ。親友との遠慮のない率直な語り合いの中で、恋人とのだれにも見せたことのないプライベートな部分の交わりの中で、過去の経験が違って見えたり、自分自身の長所や短所に対する評価が一変したりする。

語ることは経験を整理すること

本音で相手に向き合う深い語り合いの中で、自分のもともと身につけていた視点に相手の視点が融合した、新たな文脈が自分の中に生成してくる。それによって、自分の経験の意味づけや周囲の出来事や置かれた状況の見え方が一変する。それは、深い語り合いによって、新たな意味の世界が目の前に開けてくるということである。

僕たちの経験のまわりには、あらゆる意味が漂っている。目の前で起こっている出来事の周囲にも、たくさんの意味が漂っている。見る側が用いる文脈によって、可能性として漂っている無数の意味の中から、ひとつの意味が引き出される。語るというとき、僕たちは意味のあることを語らなければならないのだから、自分の採用する文脈をあてはめたときに引き出される意味を語る。

つまり、語るということは、語られる以前には確定していなかった意味をその対象に与えることだと言うこともできる。語られる以前には存在しなかった意味が、目の前に広がってくる。だが、現実には、語られない意味が、まだまだ可能性として背景に漂っている。語るということは、そうしたモヤモヤした背景から、自分のもつ文脈にしたがって、ある有意味なまとまりを切り取ってくることなのだ。

僕たちの過去経験も、現在進行中の日々の経験も、受けとめ方によって、自分を奮い立たせ支えてくれる経験にもなれば、自分を落ち込ませ力を萎《な》えさせる経験にもなる。さまざまな意味づけが可能な多義性をもった僕たちの経験、それだけ取り出されても何を意味するものであるかがわからない僕たちの経験に、特定の意味を与えていくためには、語るということが必要なのだ。

語ることによって、無数の可能性の中からひとつの意味が確定する。それによって、形のないモヤモヤした経験に特定の形が与えられる。語ることで経験がスッキリ整理されるというのも、モヤモヤしたものに何らかのはっきりした形を与えないかぎり語ることができないからなのだ。

さらに、そうして自分が経験に与えた意味が間違っていないことを確認したいと思ったら、しっかりと聞いてくれる相手を前に語ることが必要になる。聞き手をもつことによって、僕たちは自分の意味づけの妥当性の仕方をチェックすることができる。

語り合いを通して経験の意味が明確になる

これは面白い、きっとバカ受けに違いない、と思ってしゃべったところが、相手の反応が思いのほか冷めていて、がっかりすることがある。名案を思いついたと感動し、勇んで仕事のパートナーのところに行って話したのに、そんなのは現実的じゃないと一蹴され、落ち込むことがある。ものごとを解釈する枠組みとして抱えている文脈が違えば、面白さを感じる基準も違うし、それは名案だと感動する基準も違ってくる。

だからこそ、自分の経験に対する意味づけの仕方が妥当なものかどうかをたえずチェックする必要があるし、そのためには、だれかに語ることが必要なのである。

語りの場で、聞き手により共感的な反応が得られれば、その受けとめ方は妥当とみなされたことになる。聞き手によりその受けとめ方の正しさが保証された経験は、自信をもって人に語ることができる。

もし、聞き手が、その受けとめ方はちょっとおかしいんじゃないかとでも言いたげな反応を示した場合は、自分の受けとめ方の偏りをチェックし、聞き手の視点を取り入れることで、より妥当な受けとめ方へと修正していくことになる。

語り合いの中で相互に納得のいく受けとめ方が模索され、しだいに独りよがりの意味づけから社会化された意味づけへと移行していく。ひとつひとつの経験がチェックされ、社会化されていくと、それらの素材を織りなして築かれている自己物語も社会化されていく。こうして語り合いの場で相互承認が得られた自己物語は、社会的な根をもつ安定したものとなっていく。

それに対して、語る相手をもたず、他者からの承認が得られないままの、独りよがりの自己物語は安定感に乏しい。社会的承認が得られていない自己物語を抱える者は、自信をもってその物語を生きることができない。人から見たらおかしな生き方をしているんじゃないか、自分のものの見方や感受性は歪んでるんじゃないかといった不安に支配され、現実に背を向けることにもなりがちだ。

2 カウンセリングは語りの場

人とかかわるのを避けるとき

語り合う仲間がいないため、社会的承認を得た自己物語をもたない場合、どうしても人とのかかわりを避けがちとなる。

不登校の相談に来た大学生にも、人とのかかわりがスムーズにいかないために教室に入れなくなったというケースが少なくない。たとえば、講義が始まれば、教壇にいる先生のほうを黙って向いていればよいから気が楽になるのだが、教室に入ってから先生が現れるまでの数分から十分くらいの間が窮屈でしようがない。隣の席や前の席の人が急に話しかけてきたらどうしよう、と思うだけで、胸が苦しくなって、どうにも落ち着かないというのである。

語りの場を経験していないため、自分が生きている自己物語の妥当性に自信がない。そのため、うっかり自分のものの見方・感じ方が漏れて、相手から変なやつだと思われることを気にするあまり、人とかかわりが生じることを極度に恐れ、そうした機会を避けることになる。

学校に通えないといったケースだけではない。たとえば、海水浴に誘われ、友だちができそうでうれしいんだけど、誘いに乗ってよいものかどうか悩んでいるといった相談もある。もともと友だちができないことを気に病んでいたのだから、しゃべる友だちができ始め、ついに海水浴に誘われ、親しくなるチャンスが訪れたわけだ。それなら、誘いに乗ればいいということになる。

だが、そこで気になるのが、親密なかかわりになると内面を語らなければならなくなるが、そこでおかしなやつだと思われるのではないかということだ。まだ自信をもって示すことができない自己物語を抱えているため、どうしても防衛的な構えをとってしまうのだ。

自己を語ることへの恐れ

経験の受けとめ方をチェックし、安定した自己物語を打ち立てるには、こちらの語りにつきあってくれる聞き手を得て、自己を語っていかなければならない。だが、自分のものの見方に自信がないために語ることをつい躊躇《ちゅうちょ》してしまう。

これは引きこもりがちな無口なタイプにばかりあてはまる話ではない。常に社交話の輪の中心にいる饒舌《じょうぜつ》なタイプにも見られる。そうしたタイプには、上滑りな話を面白おかしくすることはできても、自分の内面的な経験を持ち出すような深い話ができないといった傾向をもつ人がけっこういるものだ。

だれかに語りたいという気持ちは強くもっているのだが、うっかり語って笑いものにされたらどうしよう、変なやつだと思われたらどうしようなどといった心配が頭をよぎる。自信がないために、よけいに周囲の人の反応が気になる。語ることで承認を得る必要があるわけだが、否認される不安ゆえに、なかなか自己を語り出せない。

このような心理は、引きこもりがちな若者に典型的に見られるものである。相手の反応を過度に気にし、語ることを恐れるために、自分の抱える自己物語に対して社会的承認が得られない。他者による承認の得られていない独りよがりの自己物語を語るのは、大きな不安がつきまとう。こうした悪循環によって、語り合いの場からこぼれ落ち、引きこもってしまうのだ。

もっとも、自己を語ることの不安は、だれもが多かれ少なかれもつ気持ちであるようだ。親しい相手に自分の考えや気持ちをさらけ出すのをためらわせるのはどんな思いかを尋ねた僕の調査では、「話したことを他人に漏らされたりしたらいやだから」「へたに深入りして傷つけたり傷つけられたりというようなことになりたくないから」「どんなに親しい間柄でも感受性やものの見方・考え方は違っているものだから」「改めて真剣に自分の胸の内を明かすような雰囲気ではないから」「相手がこちらの話を真剣に聞いてくれるかどうかわからないから」などをあげる人が多く見られた。

やはり、自己を率直に語るというのは、相手がどんな反応をするかわからないといった不安を伴うものであり、勇気を要する行為であるといえる。

語り慣れている人は、相手の反応を恐れることなく語ることができ、ますます語りの場に積極的に乗り出すというように、よい循環が働く。逆に、語り慣れない人は、相手の反応を過度に恐れるあまり、語りの場に乗り出していけないため、ますます相手の反応を気にするようになるといった悪循環に陥る。

現代のカウンセリング・ブームの意味するもの

カウンセリングというのが、ここ数年で急速に社会に浸透してきた。ちょっと前までは、カウンセリングとかカウンセラーとかいった言葉さえよく知らない人が圧倒的多数を占めていたはずである。今も正確に理解している人は少ないかもしれないが、カウンセリングは日常会話においてだれもが気軽に使う言葉のひとつになっている。

注射をしてもらったり、薬をもらったりすれば、いかにも医療行為をしてもらったという気持ちになれるけれども、話を聞いてもらっただけで医療報酬を支払うのには抵抗があるだろうから、カウンセリングなど流行らないだろう、などと言われた時代があった。だが、今や話を聞いてもらってお金を払うのがごく当然のこととして受け入れられる時代になってきつつある。そうでなければカウンセリング・ブームと言われるほどに癒しビジネスが流行ったり、カウンセラーが高校生の間での将来つきたい人気職業になったりはしないだろう。

このことが意味しているのは、多くの人々が自分の現実に合った自己物語をもてずに不安定な心理状態に置かれているということ、そしてより自分にフィットした自己物語をさがし求めているということである。

そのため語りの場を得ることが必要なのだが、身近によい聞き手が得られない。どんな反応が返ってくるかが心配で、なかなか胸の内を語れない。そこで、カウンセリングに救いを求めることになる。

自分が置かれている状況をうまく説明してくれる自己物語がもてないとき、日々の生活が意味のないものに思われてくる。「自分の人生の意味がわからない」「自分が何のために生きているのかわからない」「そもそも自分がわからない」「だから、毎日が虚しく過ぎていくだけで苦しい」ということになる。そこで、自分の日々の生活を構成する要素を秩序だて、意味づけてくれる物語的文脈を求めて、カウンセリングに頼ることになる。

カウンセリングの場で行われるのは、一般に自己の探求そして自己理解を促進するための語り合いである。いわば、自分の過去から現在に至る経験に意味のある筋道をつけてくれる物語的文脈の探求である。自己理解とは、納得のいく自分なりの物語を手に入れることだと言ってよいだろう。

カウンセラーはプロの聞き手

カウンセリングの場というのは、カウンセラーによる受容が一方的に保証されているという点で、通常の人間関係においてもたれる語り合いの場とは性質がまったく違うものとなっている。

自己を率直に語ることをためらわせる要因として、相手がどんな反応をするかわからないという不安、つまり笑われるかもしれないし、バカにされるかもしれない、変なやつだと思われるかもしれない、理解してもらえないかもしれない、他の人たちに漏らされるかもしれないなどといった不安がある。通常の対等な人間関係においては、このような反応は十分あり得るものだ。

しかし、カウンセラーとクライエントとの関係は、通常の人間関係とは異なって対等な関係ではない。カウンセラーというのは、プロの聞き手であって、一方的にクライエントを配慮し、その語りに受容的に耳を傾けてくれる。そんなカウンセラーが相手なら、否定的な反応を恐れることなく、思い切って自らを語ることができる。

そのような安全が保障された語りの場に置かれてはじめて、人は自らを不安なしに語ることができる。十分に語り、また何度も語り直すことによって、機能不全に陥っている自己物語の不適切な部分の点検が行われ、今置かれている現実に、よりふさわしい自己物語が模索される。新たな文脈のもとに過去から現在に至る歴史を照らし出し、また未来へと向かう展望を照らし出す。意味があると思われる経験素材を掘り起こし、それらに一定の意味の流れをつけていくうちに、現在の自分によりふさわしい自己物語が生成してくる。

4章

アイデンティティは語った言葉に左右される

1　語ることが自己をつくっていく

語ることからすべてが始まる

よく知っている人を相手に自己を語るのは簡単だが、お互いによく知らない相手に自己を語るというのは非常に難しい。

よく知っている相手との間には共通の文脈ができあがっているので、その文脈にふさわしい自分を提示していけばよいから、ほぼ自動化した形で自己を語ることができる。たとえば、相手がこちらのことを勇ましい豪傑とみなしているなら、自分の中の武勇伝的なエピソードを中心に語ることになるだろうし、相手がこちらのことを温厚な紳士とみなしているなら、自分の中のおだやかな部分を中心に語ることになるだろう。相手との文脈によって語り分けるからといって、けっしてだましているわけではない。どちらも嘘ではないのだ。

困るのは、よく知らない人が相手である場合だ。共通の文脈ができあがっていないため、どのような自分を語り出していけばよいのかがわからない。逆に言えば、共通の文脈による制約がないぶん、どんな自分でも自由に演出し、語り出していくことができる。だからこそ、迷い、悩んでしまうのだ。

こうした事情からわかるのは、僕たちは自分のことをいろんなふうに語ることができるということだ。それはつまり、僕たちの自分には決まった形ができあがっているわけではないということだ。このことを一般に、「自分のことをよく知らない」というふうに言うこともある。

自己紹介。

昔、学校でよくやった。クラスが新しくなったとき、順番に教室の前に出て、みんなの前で自分についていろいろと喋る。僕はあれが本当に苦手だった。いや、苦手というだけではない。僕はそのような行為の中に何の意味も見出すこともできなかったのだ。僕が僕自身についていったい何を知っているのだろう？　僕が僕の意識を通して捉えている僕は本当の僕なのだろうか？　ちょうどテープレコーダーに吹き込んだ声が自分の声に聞こえないように、僕が捉えている僕自身の像は、歪んで認識され都合良くつくりかえられた像なのではないだろうか？　……僕はいつもそんな風に考えていた。自己紹介をする度に、人前で自分について語らなくてはならない度に、僕はまるで成績表を勝手に書き直しているような気分になった。（中略）なんだか架空の人間についての架空の事実を語っているような気がしたものだった。そしてそんな気持ちで他のみんなの話を聞いていると、彼らもまた彼ら自身とは別の誰かの話をしているように僕には感じられた。我々はみんな架空の世界で架空の空気を吸って生きていた。（村上春樹『ダンス・ダンス・ダンス』講談社）

だれか聞き手を前にして自己を語ることで、自己物語が構築されていく、つまり自分の形が定まっていく。ということは、語り始めるときには、自分の姿を本人もはっきりとつかんでいないのだ。結局、自分の姿がおぼろげにしか見えないうちから、まずは語ることを始めなければならない。

語ることによって、自分の姿が語りの方向につくられていく。初対面の人たちを前に自己紹介するときにとまどうのも、その人たちとの語り合いを経験しないうちは、その人たちとの間にふさわしい自己を構築することができないからなのだ。

出会いが新たな聞き手をもたらす

人生で最も大きな影響力をもつのは、人との出会いだと言われる。試しに自分の人生を振り返ってみれば、いろんな出会いが思い出されるはずだ。自分に良い影響をもたらしてくれた出会いとして思い出されるものもあれば、あの出会いさえなければと悔やまれる出会いもあることだろう。いずれにしても、長い人生上には無数の出会いがあるのに、その中からとくに思い出されるからには、良きにつけ悪しきにつけそれなりの意味がある出会いに違いない。

どんな出会いがあり、どんな影響を受けたかを振り返ってみるだけで、出会いというものが人生において占める比重の重さが実感できるはずだ。その出会いのもつ威力を、語りと自己物語の生成といった視点から見るとどうなるだろうか。

まず言えるのは、新たな出会いが新たな聞き手をもたらすということだ。新たな聞き手が登場し、これまで身近に接してきた聞き手とは違った聞き方をする。語り手は、聞き手の理解の枠組みに合わせて、自分にまつわるエピソードを語る。

「私は、人前で意見を言うのは、どうも苦手で、会議とかもいつも黙ってるだけで時間が過ぎていくって感じ」

とこちらが言ったのに対して、

「わかるわかる。私もそう。何か、緊張するよね。でも、たいした発言じゃないのに、堂々と言いたいこと言う人いるじゃない。いいよね。ああいう気楽な人って」

といった反応が返ってきた場合と、

「発言するからには立派なことを言わなきゃいけないって気持ちが強すぎるんじゃないの。みんなそうたいしたこと言ってるわけじゃないし、思い切って何か言ってみれば、べつにどうってことないってわかってきて、楽に発言できるようになるんじゃないかな」

といった反応が返ってきた場合と、

「人から受け入れられなかったらどうしようっていう不安が強いみたいね。そういうコンプレックスから自由になるには、まずは自分に自信をもつこと、自分が自分を受け入れることが大事だよね」

といった反応が返ってきた場合とでは、こちらのつぎの発言の方向がまったく違ってくるはずだ。

つまり、僕たちは、聞き手の理解の枠組みの見当をつけながら、聞き手にわかってもらえるような説明の仕方を選びつつ自己を語るのだ。ゆえに、新たな出会いというのは、新たな自己の語り方を導き出すという意味において、僕たちにとってとても重大な影響をもつ出来事だと言える。

人は相手によって語り分ける

このように考えると、僕たちの生きている自己物語の生成には、出会いのような偶然的要因が色濃くからんでいることがわかる。

たまたま身近に接するようになった相手との語り合いを通して、一定の方向づけが行われていく。その相手が故意にこちらの自己物語を一定の方向に組み換えようと意図するのではなくても、その相手が納得した反応を返してくれるように、その相手にとってわかりやすい語り口をさぐりつつ自己を語っているうちに、いつのまにか自己物語はその相手の生きる文脈を取り入れた方向に変化している。

つまり、生き方を揺さぶられるような出会いというのは、自分の人生に関してこれまでとは違った振り返り方を可能にしてくれるような出会いのことである。振り返り方が変わることで、自分の人生史上の諸々のエピソードのもつ意味や人生史の流れに変化が生じる。その結果、自分の生い立ちのもつ意味、生い立ちに対して自分自身が感じるところが微妙に変わってくる。ときには、一八〇度変化することさえある。自己への気づきとか、新たな自己の発見などと言われる現象は、このようにして起こるのである。

生い立ちというと、今さら変えることのできないもの、過去の事実として固定されてしまっているものといったイメージをもつ人が多いかもしれない。しかし、出会いによる自己物語の組み換えという観点からすれば、同じ人物の生い立ちも、聞き手の聞き方によって、さまざまな色合いをもつものに語り分けられるということになる。生い立ちとして語られるエピソードの選択やその意味づけが、聞き手に納得し共感してもらうという目的のもとに変化していくのだ。

語り合いの中で、相手にわかってもらうように説明するのは当然のことである。また、相手によって同じ出来事でも違った説明の仕方をしないと納得してもらえなかったり共感してもらえなかったりすることがあるというのは、幼い頃からだれもが経験済みのことである。ゆえに、相手による語り分けというのは、ほぼ自動化しており、改めて意識されることはない。けれども、僕たちはだれでも自己物語を相手によって微妙に語り分けているのであり、新たな出会いによって新たな自己物語が生成しはじめることがあるのだ。

居酒屋で高校時代の友だちと一緒に盛り上がっているとき、後ろのテーブルに職場の同僚がいたりしたらどうだろうか。気づいたとたんに、照れというか、ばつの悪さというか、何とも言えない気まずさを感じざるを得ない。べつに職場のことを話題にしていたわけではなくても、ちょっとした困惑を意識するのがふつうだろう。

それはなぜかと言えば、僕たちは相手によって見せている自分が多少ずれているからだ。

高校時代の友だちに見せている自分と職場の同僚に見せている自分のどちらがほんとうでどちらが嘘というのでなくても、相手によって見せている自分が多少ずれていて、自己を語る仕方にも多少の違いがあって当然なのだ。

目の前の相手によって自分が変わるから、自分は多重人格なのではないかと相談にくる人もいるけれども、そういう意味では、だれもが多重人格者なのだ。相手がだれであっても一定の自分を出しているほうが、よっぽど浅い自分しか出せないのっぺらぼうのような得体の知れない人と言えるのではないか。

生きる意味がわからないのは——

自分の人生の意味がわからないという人々が増加する現象は、人間関係の希薄化、つまり自己を語り合うような深いかかわりの欠如という現象とともに進行してきたように思われる。

前章でも見てきたように、自己を語ることは、人生の意味を創造することにつながる。ゆえに、いつもとは違う相手を前に自己を語ることは、これまで気づかなかった人生の意味に気づくきっかけになったりする。相手とのやりとりの中で、自分が思わず語ったことがらを後で反芻してみて、ハッとすることがある。視点を揺さぶられたことによって、新たな意味に気づかされたのだ。

　深く語り合う場が欠如しているということは、いろいろに自己を語り分ける機会に恵まれないことを意味する。人生の意味がわからない、自分が見えてこないと訴える人々の増加は、そうしたことが背景として進行していることなのではないだろうか。

　人生の意味というものは、どこかに転がっていたり、埋もれていたりするものを、そのまま拾ったり掘り起こしたりして見つかるといった類のものではない。自分なりの解釈のもとに自己を語り、聞き手の解釈を理解する努力をし、その聞き手の理解の枠組みからもわかってもらえるように工夫しながら語り直し、再び聞き手の反応を確認する。こういった作業の積み重ねの中で、自分が経験してきたことがらの意味が、ひいては人生の意味が、知らず知らずのうちに生み出されているのである。

視点が違えば意味づけも違う

　ところで、聞き手は語り手と違う視点を与えてくれるわけだが、語り手は聞き手の視点を何でも受け入れようとするわけではない。対話が相互に理解し合うことを目的としているとはいっても、相手の視点をどうしても受け入れられないという場合もある。どうにも譲れないこともある。

たとえば、親子の間でよく交わされる会話に見られる典型的な視点のすれ違いに、つぎのようなものがある。

「自分で何でもするようにならないとダメよ。もうちょっとしっかりしてもらわないとねえ」

「けっこうしっかりしてると思うんだけどなあ。お母さんの期待にしっかり応えてあげてるし」

「どこが。お母さんの期待にどう応えてるって言うの」

「こと細かく面倒みたいっていうお母さんに、口うるさく指図する機会を与えてあげてるじゃない」

「なに勝手なこと言ってるの。そんな期待なんかしないから、勝手に応えたりしないでちょうだい。こっちだってあなたのことでピリピリして口うるさく注意しまくるより、自分の趣味にでも浸って心穏やかに暮らしたいわよ」

「あのね、もしほんとにそうなら、私のこともっと突き放して自由にさせてくれればいいじゃない。お母さんがああしろこうしろっていちいち指図するから、自分でなんとかしようって気がなくなっちゃうんじゃない」

「何言ってるのよ。あなたが何もしないからいちいち口うるさく言わなくちゃいけないんでしょ」

「違うんだって。自由に放っといてくれたら私だって自分でいろいろ考えてするけど、自分からする前にああだこうだいちいち注意されたり指図されたりするから、まあ言われたことだけやればいいかってことになっちゃうんじゃない」

「屁理屈ばっかり言って。放っといたら何にもしないから、放っとけなくなっちゃったんじゃないの」

「もう、わかってくれないんだから」

「それはこっちのセリフよ」


ここには、娘の自律性の欠如のもつ意味についての解釈の相違が見てとれる。娘の日頃の行動からして自律性が欠けていると見られるということに関しては、母親と娘の双方の見解は一致している。しかし、その原因についての見方は、真っ向から対立している。

これは、どちらが正しいといった問題ではない。ものごとには多義性がある。とくに心理的な性質のものごとに関しては、あたかも多義図形を見るときのように、見る視点によって異なった意味が浮上してくる。

問題となるのは、自分の今後にとって、あるいは相手と自分の双方の今後にとって、どういった意味づけをするのが好ましいかということである。

人の振る舞いは相手が抱くイメージに拘束される

双方の意味づけの対立というのは、なにもこのようなあからさまな言語的やりとりにかぎられるわけではない。

僕たちには、相手の視線に拘束されるといった性質がある。相手から、こういう人物に違いないといったイメージをもって働きかけられると、知らず知らずのうちにその投げかけられたイメージに沿った行動をとるようになる。

たとえば、小中学校時代を思い出すと、教師からもクラスメートからも信頼されているいかにも優等生といった感じの子がいたはずだ。そういったタイプの子は、どんなときも模範的に振る舞うものと周囲から期待され、本人はそういった期待を肌で感じ、その期待に沿った行動をとる。そして、周囲の人たちは、そうした振る舞いをごく当然のこととして受けとめる。しかし、本人の意識の中では、ごく自然に振る舞っているわけではないかもしれない。

試験前に体調を崩したとする。ふつうの子なら、体調を理由に勉強を棚上げすることもできるだろう。でも、優等生のラベルを貼られた子としては、試験で悪い成績をとるようなことはあってはいけないことなのだ。周囲の期待を裏切ってはいけないといった義務感から、歯を食いしばって試験勉強に打ち込まざるを得ない。逆に、劣等生のラベルを貼られた子なら、ちょっとした体調の悪さをいいことに大いに手を抜き、堂々と悪い点をとることだろう。それこそが自分らしさの証《あかし》なのだから。

あるいは、ふざけたい、バカなことをしたい、人をからかいたいといった悪ふざけの衝動がふとこみ上げてくる悪魔の瞬間というのがだれにもあるものだ。そんなとき、ふつうの子なら、適当に悪さをして衝動を発散することができる。でも、この優等生タイプの子は、自分がそんな行動をとった場合の周囲の人の反応、つまり意外な行動を目の当たりにしての驚きや困惑を考えると、どうしても自分を抑えざるを得なくなる。逆に、悪ふざけばかりしてどうしようもないやつといったイメージをもたれている子なら、こみ上げてきた衝動をそのままに行動化することができるだろう。

いずれも周囲の期待に応えるべく振る舞っていると言える。周囲の人たちがこちらに突きつけている自己定義にふさわしい態度や行動をとっているのだ。あたかも自己定義の正しさを証明するために行動を選択しているかのようである。言ってみれば、教師やクラスメートといった周囲の人たちとの間で承認され共有されている自己物語を生きているというわけだ。

自己定義をめぐる対立と相互変革

相手が押しつけてくる自己の意味づけ、つまり自己定義が、こちらにとって納得のいかないものであるときは、そのままには受け入れられないという意思表示をしていく必要がある。しかし、これからもかかわりが続く相手である以上、ただ拒否して終わりというわけにもいかない。向こうの意味づけとこちらの意味づけを突き合わせながら、双方が相手の視点を理解しつつ折り合いをつけていかなければならない。

たとえば、母親の期待に十分応えて、良い子として生きてきた子が、思春期を迎え、自分の足で歩き始めなければならないときになって、突然行き詰まるということがある。親から押しつけられ、素直に従って生きてきた自己物語が、どうにも窮屈でしようがないと感じられ、新たな自己物語への脱皮が求められているのだ。

そこで、この子は、自分を良い子の型にはめようとする自己物語を拒否し、その自己物語を生きることを自分に強いてきた母親に対する反逆を始めることになる。反逆の仕方は、置かれた心理的および社会的状況によってさまざまな形態をとる。

これまで口答えもせずに母親の言うことは素直に聞いてきた子が、突然乱暴な口調で母親の要求を拒否したり、自分勝手な行動をとり始めるかもしれない。反抗による抗議である。あるいは、これまで学校をずる休みするなんて考えられなかった子が、突然学校に行かなくなって、母親をおろおろさせるかもしれない。引きこもりによる抗議である。

こうした抗議によって、子どもは母親の期待に素直に応えるという形で生きてきた自己物語、母親との間で相互承認がなされてきた自己物語を拒否して、自立する年頃になった現在の自分によりふさわしい自己物語に書き換えていくための第一歩を踏み出したのである。

この子は、自分自身の自己物語の主人公であるだけでなく、母親の生きる自己物語の主要な登場人物でもある。ゆえに母親は、わが子が自己物語を書き換えて日頃の振る舞い方を変えたりしたら、母親自身の自己物語の組み換えも必要となるわけだから、おいそれと認めるわけにはいかない。母親としては、わが子をこれまでの自己物語の中に引き戻そうとするだろう。子どもは、そうした母親の働きかけに対して、当然反発する。

ここに母親と子どもの間の自己物語をめぐる協議が始まる。お互いの視点と要求が語り合いの中で持ち出され、新たな自己物語の構築に向けての協議が進行するのである。

このところ子どもや若者の自立が後れているという指摘とともに、親の子離れがスムーズに進行していないといった指摘も目立っている。自立できない子どもの背後には、わが子の自立を妨げる親がいる。子どもの自立が問題とされるとき、そこでは本来親子の相互自立が問題とされなければならない。

なぜなら、子どもが自立的に生まれ変わっていくときには、わが子が主要な登場人物である親の自己物語にも大きな変化が生じざるを得ないからである。子どもが変われば、親も変わらざるを得ないのだ。子どもが変わるためには、親が変わらなければならない。つまり、相互に相手の自己物語の主要な登場人物である人同士は、それぞれの自己物語の更新や改訂を協議しつつ進めることになる。

聞き手の反応をモニターする

僕たちは、自分が話した言葉が聞き手にどんな反応を起こさせたかを気にする傾向がある。相手からどう思われるかなんてあまり気にしてもしようがない、と居直りを決め込もうとしても、どうしても人の反応が気になってしようがない。それが、人間として生きるということなのかもしれない。人間を生きるとは、文字通りに読めば、人との間を生きるということなのだから。

もちろん、相手の反応をモニターする傾向には、大きな個人差がある。モニター傾向が非常に強い人は、相手の反応を見ながら、相手から受け入れてもらえるように、相手の意向を汲み取った反応を返すことをとくに心がけるだろう。一方、モニター傾向が極端に弱い人は、相手の反応にほとんど無頓着に、ただ自分の思うままに反応を返しているだけのように見えるだろう。

だが、強弱の違いこそあるものの、だれもが自分の発した言葉が聞き手からどんな反応を引き出したかにまったく無関心ではいられない。相手の反応に無頓着に見えるとしたら、それは相手の反応を読みとる能力が弱いか、あるいは相手の反応に合わせて適切な反応を返していく能力が弱いということに違いない。本人の中では、自分が相手の中に生み出した反応を見て、それにふさわしい反応を返しているつもりなのである。

僕たちの語りは、常に聞き手にある種の反応を期待して、こちらの意図する反応を聞き手の中に引き起こすべく行われている。そのために、効果的な道具立てが工夫されるのだ。たとえば、有効と思われるエピソード素材を好んで想起し、そうした素材の効果的な並べ方を検討し、こうして並べられたエピソードの連鎖の流れに対して納得のいく説明を考案するのだ。意図した効果が現れるのが確認できると、いよいよその路線を強化すべく効果的な語りでたたみかけていくことになる。

相手の反応で変化する語り口

人はよく愚痴をこぼす。愚痴をこぼすとき、語り手は聞き手からその愚痴が正当なものかどうかを客観的に評価してもらおうと思って愚痴をこぼすわけではない。愚痴をこぼし、聞き手から「そうだ、そうだ」「それはひどい」「それは腹が立つね」のように共感してもらうことで、スッキリしたいのだ。

そんなときには、語り手の気持ちに寄りそって聞いてくれる聞き手の存在は、とてもありがたいものだ。語り手の気持ちに共感しつつ、じっくり耳を傾けてくれる聞き上手がみんなから好かれ、異性からもてるのも、聞き上手は語り手を気持ちよくしてくれるからである。

しかし、みんながみんな語り手の気持ちに寄りそって話を聞いてくれるわけではない。むしろ、そのような聞き上手のほうがまれかもしれない。そこで、多くの場合、相手に共感してほしくて語ったのに、思いがけない反論によって当惑させられたり、反応のなさに肩すかしをくらうことになる。そんなときは、より極端なエピソードを探したり、ある視点を強調する語り口をとるなど、意図する反応を聞き手から引き出すために、あの手この手を使うことになる。

たとえば、上司がいかに理不尽な要求をしてくるかを嘆き、共感してもらい、一緒に上司のことをこき下ろしたかったのに、「それは、上司が鍛えてくれようとして試練を与えてくれてるんじゃないの」と言われたり、「あなたが上司を立てないで言いたいことをけっこうはっきり言うほうだから、にらまれるんじゃないの。もっと上手につきあわなくちゃ」のようにさとされたりすることがある。でも、そんな見方はぜったいに間違っている、とても受け入れがたい反応だ。そんな言い分を受け入れたりしたら、よけいストレスが溜まってしようがない。そう思わざるを得ない場合にどうするか。そこは、なんとしても、こちらの言い分に賛同してもらえるように、語り直さなければならない。

そこで、その上司が部下を育てようなどと殊勝なことを考えて行動するような人物ではないことを証明すべく、日頃の身勝手な言動を思い起こしつつ、具体的なエピソードを提示していくことになる。あるいは、自分のつきあい方が悪いからそうなるのではないというこことを証明すべく、他の部下たちもいかに困っているかを示すエピソードを並べ立てることになる。

それでも相手が納得してくれない場合は、実際にあったエピソードを脚色することで、意図する反応を聞き手から引き出そうと必死の試みをするだろう。ときに誇張が過ぎて捏《ねっ》造《ぞう》に近い語りになってしまうこともある。意識して嘘を言っているわけではないのだが、聞き手の反応が思わしくないとき、意図する反応を引き出すために、僕たちはどうしても極端な語りをしてしまいがちだ。それほどに、聞き手というものの存在意義は大きいのだ。聞き手が語り手の語る内容や語り口を支配するといってもよいくらいだ。

こうして、エピソードの内容そのもの、あるいはその前後関係や背景に関する説明の仕方は、語りの場において決まってくる。つまり、過去の経験についての語りを大きく左右するのは、記憶力の問題というよりも、思い出しつつ語っていくときの、その場に働く語り手と聞き手の双方の思惑からなるベクトルである。

聞き手が導く自己物語

このように、僕たちは、相互に相手を規定し合っている。身近に接する重要な相手に期待され、承認されている自己物語を矛盾なく生きるように、たえずプレッシャーをかけられているのだ。

やはり、僕たちの語りは、なんとしても聞き手に承認してもらわなければならない。語り手は、自分の身に降りかかった事実を相手にわかりやすく語っているつもりでありながら、聞き手の反応に合わせて語り直されていく自己物語は、聞き手とのやりとりを通して作り直されていく。つまり、語られる自己物語には、語られる時点でアドリブ的に創作される作り話といった側面もあるのである。

前章でも見たように、僕たちは、人に自己を語るとき、自発的に自分自身について思うところを語っているように感じているが、じつは聞き手のもつ文脈に規定され、その文脈のもとで納得のいく語りとなるように工夫しながら語っているのである。

ということは、僕たちの抱える自己物語は、聞き手とのやり取りを通して、たえず書き換えられていることになる。つきあう相手によって自分が知らず知らずのうちに変わっていくというのも、こうしたメカニズムによるわけだ。

学生時代からの親友と語り合うことの心地よさは、遠慮なく何でも言えるからスッキリするということに加えて、日頃の周囲の人たちとの語りの中で変化してしまっている自己物語を、あるべき方向に引き戻すことができることにもよる。眠りかけていたかつての自己物語が息を吹き返すことで、自分の中に変化が生じる。

学生当時のエピソードを語り合い、その当時に生きていた物語的文脈を思い起こし、それに沿って現在の境遇を語っていくことで、親友との間で相互承認し合ってきた自己物語の文脈が再び現実生活を規定する力を発揮しはじめる。

たとえば、企業の論理に染まって当然のように日々とっていた行動が、改めて強く意識されるようになった学生時代の自己物語の文脈のもとでは、納得できないものとなる。そうした思いを実感し、かつての自己物語が機能し始めると、日々の行動も変わっていかざるを得ない。

旧友との語り合いによって忘れていた自分を取り戻したなどと言われることがあるが、それは、さまざまな人たちとの語りによって拡散し、身のまわりの経験を一定の意味の流れのもとに凝集していく力を失いかけていた自己物語が改めて強く意識され、強化されるからである。

そうなると、これはまたある意味でひとつの危機ともいえる状況にもなりかねない。現実に自分が置かれている立場とどう折り合いをつけていくかで、頭を悩まさなくてはならない。

自己物語には相手が抱く文脈が取り込まれている

人をバカにした態度をとる相手には、真正面から対決する姿勢で自己を主張することができる人でも、相手がこちらに好意的な態度を示して、こちらが抱いている自己像と違ったものを相手が期待しているとき、どう反応すべきか悩んでしまう。

たとえば、みんなから非情なケチ人間とみなされ、本人もそう自認している人物が、自分を優しくていい人だと純粋に信じ込んで接してくる人の影響で、長年忘れていた優しい心を取り戻していくということも起こり得る。

これを自己物語の観点から解釈すれば、人間味のない非情な人物としての自己物語を周囲の人たちの承認のもとに生きていた人物が、新たに接するようになった相手から優しい人物としての物語的文脈を投げかけられて、その文脈を自己物語の中に取り込んでいったということになる。

親による過保護が弱い子をつくるというのも、同様のメカニズムが働く結果といえる。過保護にする親は、「自分は保護してもらわなければならない、頼りない子なんだ」という自己物語の文脈を子どもに意識させる。ことあるごとに親から過保護な態度を示されることによって、頼りない自分、親に依存している自分といった文脈が、子どもの自己物語の中に植えつけられていく。

しっかり者というラベルを貼られることで自立性を身につけていくのも、まったく同じメカニズムの結果とみることができる。しっかりしている子だから自分のことは自分でできるはずだとして親から突き放されることで、「自分は人に頼らなくても、自力でしっかりやっていける子なんだ」「自分のことは自分で解決していかなければならない」という自己物語の文脈を意識させられる。そうした経験にしょっちゅうさらされることで、しっかり者の自分、自立性の高い自分といった文脈が、子どもの自己物語の中に根づいていく。

しかし、ときに自分が生きている物語的文脈から抜け出したくなることがある。今生きている自己物語が、無理やり押しつけられたものであるかのように思われて、どうにも我慢ができなくなることがある。そんなときは、周囲から承認されている自己物語の文脈を、思い切って拒否することになる。反乱を起こすわけだ。

押しつけられた自己物語への反乱

兄弟姉妹の出生順位によって性格が違うというのは、多くの研究によって証明されている。

たとえば、姉という立場にある人は、一般に抑制のきいた落ち着きや面倒見のよさが求められるようである。人の性格というのは、周囲からの期待や要請にしたがってつくられていくといった側面が強いので、姉として育った人は、当然のように自分を抑えた控えめな態度、周囲に気配りする態度を身につけていく。

でも、いくら抑制と気配りを求められる姉として生まれたとはいっても、神でもなければ仏でもない、ただのひとりの人間である。わがままな気持ちになることもあれば、衝動がこみ上げることもある。自分のことで精一杯で、人のことを気遣う心の余裕を失うこともある。

そこで、周囲からの期待による縛りがきつすぎるとき、「みんなのために生きているわけじゃない」「いつも優等生ではいられない」といった気持ちがこみ上げてきて、「私は私なんだ。私だって、妹みたいに自分をもっと自由に出したっていいじゃない」とでも言いたげな、予想外の反応が飛び出したりする。優等生の反乱だ。

前にみた素直な良い子の反乱と同じだ。この種の反乱は、それに則って生きるように期待され、何気ない言葉や態度を通した無言の圧力によって押しつけられてきた自己物語を生きることを拒否し、もっと楽に自分を出せるように物語的文脈に変更を加えることを目的としている。

こうした反乱には、冷静に話し合うことで親にわかってもらおうとするやり方もあれば、感情的に反発し対立し、さらには勝手な行動を強引にとっていくことで、思い通りにはならないということを力ずくで納得させようとするやり方もある。

ただし親にとっても、わが子は自己物語の重要な登場人物のひとりなので、そう勝手に役柄を変えられても困ってしまう。したがって、わが子の反乱をそう簡単に認めるわけにもいかない。そこで、両者の思いは平行線をたどることになる。こうして、多くの場合、この種の反乱は、本人にもよくわからないままに感情的に反発するといった形をとることになるのが一般的である。

どんな説明をするかで結果は違ってくる

自分のとった言動の意味がよくわからないというのは、けっして珍しいことではない。そんなとき、「なぜ、あんなこと言っちゃったんだろう」「あんなことしなければよかったのに、どうしてやってしまったんだろう」と首をかしげたり、後悔したりする。でも、いったん発してしまった言葉を取り返すわけにはいかない。してしまったことを今さら取り消すわけにもいかない。そこで、自分でも納得がいき、相手も納得してくれそうな説明を考え出すことになる。

たとえば、母親の言葉に、ついイライラして感情的に激しく反発してしまった後で、母親から「どうしたの?」「何をいらついてるの?」と尋ねられる。でも、自分自身なぜあんな態度をとったのかよくわからない。そこで、もっともらしい説明を生み出すことになる。説明の仕方に正解があるわけではない。本人でもよくわからないくらいなのだから、どんな説明でも、納得のいくストーリー性を備えていればよいのだ。

「いちいちうるさく言うから嫌になるんだ。自分のことは自分で考えるから、ほっといてくれ」「自分の人生だし、自分で責任とるしかないんだから、好きなようにさせてほしい」のような説明も可能だ。このような説明をして、母親の側がある程度納得すれば、子どもは自立への一歩を踏み出すことになる。以後、母親の態度には、何らかの変化が見られるはずだ。

だが、「いちいちうるさいなあ。ほっといてくれ」「イライラして何もできなくなっちゃうじゃないか。どうしてくれるんだよ」「うるさく言われるから、何もする気がしなくなるんじゃないか」「どうしろって言うんだよ」のように答えることもできる。これは、子どもが自分で自分をコントロールできないことの表明にもなっているので、母親としては、安心してわが子を自立へと突き放すわけにもいかないだろう。

「ごめん。このところ忙しすぎてひどい睡眠不足だったから、ついイライラしちゃった。気にしないで」のように説明することもできる。これは、母親も自分の態度の変更を迫られるわけではないので、受け入れやすい説明だ。もちろん、このように説明したからには、つぎの休日くらいはどこにも出かけずに、ゆっくりと休養をとったほうがよいだろう。こうした説明を納得して受け入れた母親からも、ゆっくり休むようにアドバイスされるに違いない。

同じ態度や行動に関しても、いろんな説明があり得るのだ。そして、どんな説明をするかで、その後の方向性が大きく異なってくる。

2 言い訳も自己物語に影響する

その場しのぎの言い逃れ

遊園地に行けば、迫力あるジェットコースターの類が必ずいくつかあるものだ。キャーキャー楽しそうな悲鳴が聞こえる。心理学の実験によれば、ジェットコースターでスリルを味わい叫びまくった後では、心臓のドキドキや身体の火照《ほて》りの名残りを一緒に歩いている目の前の異性によって引き起こされた性的興奮によるものと勘違いし、その異性を好きになるといったことが起こるらしい。ジェットコースターの根強い人気は、そうした事情も関係しているかもしれない。

でも、だれもがあの種の乗り物を好むわけではない。僕の場合は、遊園地に行っても、「高所恐怖症気味だし、スピードにも弱いから、ジェットコースターには乗らない」と宣言することにしている。だが、それは今だから言えるのかもしれない。もし、まだデートで格好つけて自分の魅力をアピールしなければならない段階のカップルだったらどうだろうか。

「ジェットコースター片っ端から乗ろうよ。私、あのスピード感とスリルがたまらないの」

「う、うん。そうしようか。まあ、他にも面白そうなのがいろいろあるからね」

他に目をそらせようという戦略がそれほどうまくいくとも思えない。そこで、

「今日は、ちょっと体調が悪いから、ベンチで見てるから乗ってきてよ。おとなし目のやつだけつきあうことにするよ」

のように逃げざるを得ない。

だが、その場しのぎの言い逃れのせいで、夕涼みしながら大好きなビールを彼女と二人で一気飲みする楽しみも、

「今日はアルコールはやめといたほうがいいわね」

と言われて、あきらめざるを得ない事態に追い込まれるかもしれない。

アドリブ的な一言も自己物語に影響する

僕が面接調査をした人たちの中に、親とちょっとしたことで口論になり、こんなうるさ

く干渉する親なんかと一緒に住めないというようなことを思わず口走ってしまい、引っ込みがつかなくなってアパートで一人暮らしをする羽目になったという人がいた。その瞬間まで、一人暮らしをするなんて考えたこともなかったという。結果的には、売り言葉に買い言葉で口走った思いがけない一言のおかげで、自立した新たな生活への第一歩を踏み出したのだった。

ふだんからしっくりいってない父親との間で、ちょっとしたことがきっかけで激しい口論になり、

「何だ、その生意気な態度は。人から小遣いもらってる身で、偉そうなこと言うな」

「小遣いくらいで恩着せがましいこと言われたくないね。そんなに言うなら小遣いなんていらないよ」

「ほんとにいらないのか。後で泣きっ面かくなよ」

「アルバイトなんていくらだってあるんだ。小遣いくらい自分で稼いでやる」

といったやり取りがアルバイトを始めたきっかけだったという人もいた。

売り言葉に買い言葉というのは、親子の間でよくみられるものだが、上司と部下の間でもしばしばみられる。

上司からことあるごとに理不尽なケチをつけられるのを、ギリギリのところで耐え忍ん

でいた人が、もう限界だとでも言いたげにキレる瞬間というのがある。ただキレるだけならどこにでもある話だが、キレたついでに、

「そんな仕事は僕一人でやらせてもらえたら、今日中に終わりますよ」

「僕のやり方で自由にさせてもらえたら、そんなノルマすぐにクリアできますよ」

のように啖呵《たんか》を切ってしまい、死に物狂いでがんばる羽目になったという話もある。

一瞬前までの冷静な時点では思ってもいなかったこと、ましてや人に言うなど考えられなかったことを、つい勢いで言ってしまうことがある。用意していた言葉ではなかったとはいっても、僕たちは、自分の口からいったん出てしまった言葉に無責任ではいられない。自分が発した言葉をそう簡単に裏切るわけにはいかない。そこで、思わず口走った言葉に縛られることになり、その後の行動はその線に沿って組み直されていく。

自己物語の文脈は、こうしたアドリブ的に発せられた一言によっても、大きな影響を受けることがあるのだ。

苦しまぎれの説明でも——

相手に自分の言い分が通じないとき、相手から意図した反応が得られないとき、僕たちは、話す素材の選択、その並べ方、説明の仕方を考え直し、語り口を変えてみる。それで

もなかなか思わしい効果をあげられない場合、苦しまぎれの言い訳的な説明をせざるを得なくなる。

大きくは自分の生い立ち、小さくはちょっとした自分の言動に関して、何らかの説明をせざるを得ない場面というのがあるものだ。どんな話にしても、一度語っただけで、聞き手からすんなりと承認されるということは少ない。「よくわからないなあ」「どういう意味？」「どうしてそう考えるの？」「うそー」「なんでー？」「それはおかしいよ」「考えすぎじゃない？」「気にしすぎるんだよ」「信じられないなあ」などといった言葉が返ってきたりする。

このように、話し手と聞き手の生きてきた物語的文脈には、ズレがあるのがふつうで、それを埋める工夫が必要となる。そのために、素材を選び直したり、強調点を変えてみたり、話の筋道を変えたりして、根気強く語り直していくことになる。

親子間の葛藤にしても、夫婦間のもめ事にしても、恋人同士のすれ違いにしても、上司と部下の対立にしても、こちらの語りがすんなり聞き手の理解の枠組みに収まることはない。聞き手には、聞き手の生きている物語的文脈があり、その視点からこちらの語りを理解しようとする。また、聞き手にはこちらが語る話の登場人物や出来事に関してもっている情報量も少ない。そこで、こちらとは違った視点からこちらの語りを聞くことになる。

その結果、こちらの言い分をなかなかわかってもらえない。

絶対に共感してもらえると信じて勢い込んで話したところ、思いがけず冷淡な反応が返ってきてガックリするというのはよくあることだ。

でも、せっかく話し始めたのだから、できることならこちらの気持ちをわかってもらいたい。そこで、相手にわかってもらえるように工夫しながら、何度も語り直すことになる。わかってもらえるように意識して語り直すうちに、聞き手の理解の枠組みが知らずしらずのうちに話の筋に取り入れられていく。聞き手の視点を取り入れることで、

「あ、そうか。そういう見方をすれば、それほど腹を立てなきゃいけないことでもないかな」

と思えてきたりする。人に話しているうちに、新たな視点を獲得するとか、気持ちが吹っ切れてくるというのは、このようなケースだろう。

でも、どうしてもこちらの気持ちをわかってほしい、どうにも譲るわけにはいかないという場合もある。そんなときは、聞き手の枠組みからしても「なるほど」と納得してもらえるような大げさな語りをせざるを得ない。それでもなかなかわかってもらえないと、大げさな語り口がどんどんエスカレートしていったりする。

自分がいかに運が悪いか、不幸であるかを語る人に、

「そんなことありませんよ。もっと運の悪い人はいくらでもいますよ」
「あなたのお話を聞いていると、あなたがおっしゃるほど不幸な人生じゃないように感じるんですけど」
のような反応を返したなら、今度は不幸を象徴するさらなるエピソードをさがし出し、ひとつひとつのエピソードがいかに悲惨なものであったかを前にも増して大げさな言葉で語ってくるに違いない。

自分のことは自分でもわからないが……

かつて不登校をしていた時期があるという人が、「なぜ学校に行けなかったのだろうか?」と自らに問いかけても、さっぱりわからないと言って、相談に来ることがある。本人がわからないくらいなのだから、尋ねられたところで他人の僕にわかるはずがない。重要なのは、自分自身のとった行動の意味について、本人でさえも説明ができないということ、不登校のような大きな意味をもつであろう出来事であっても例外ではないということだ。

僕自身、大学入学時は理科系だったのに、どうして文科系の心理学に移ったのかと人から聞かれるたびに、返答に窮したものだ。今では、これが絶対に正しいという答はないと思っているから、そのときどきで適当に答えればよいと居直っている。

だが、以前は違った。聞かれるたびに、自分なりに真剣にその理由を考えたものだ。「人間の探求をしたくて生化学をめざしたのだけど、物質レベルで人間がわかるようには思えなくなったから」「同級生の多くがアイデンティティの拡散から留年したり、学校から消えていったりしたから」「親友のひとりが心を患って精神分析を受けたりしていたから」「人間のあいまいな部分、つかみ所のない部分を探求してみたくなったから」「自分自身モラトリアム人間っていう感じで、自分について、自分の生き方についていろいろ考えてみたかったから」のように、いろいろな説明をしてきた。

でも、このようにいくら答を並べても、学部を変えるという現象の上っ面をなぞっているばかりといった感じで、ほんとうのところは何だったのだろうと考え込んでしまう。思えば、問いかけてくる相手に合わせて、その相手が納得してくれそうな答を語っていたのではなかったか。ほんとうのところは、結局は自分でもよくわからないのだ。相手に納得してもらえるような説明をしているうちに、何となくそれが正しいような気がしてくる。

苦しまぎれの言い訳も自分を方向づける

人の気持ちをくすぐるような言葉をごく自然に口にしたり、自己主張を抑えて何でも人に合わせるタイプの人が、友だちから批判されたとする。いつもへらへらして人に合わせるばかりで、人のご機嫌をとるようなことを平気で言ったりして、そういう取り入る態度が気に入らない、のように。

そう言われると、自分でも思い当たる節がある。たしかに、周囲の人たちがわりと人の気持ちに無頓着なのに対して、自分には人の機嫌を損ねないように気にしすぎるところがある。まわりには自分の思いや考えを主張する人が多いけれども、自分はどうもそういうのが苦手で、そもそも主張したいことなどなくて、人に従っていたほうが楽でいいと思っている。

しかし、取り入る人間、主体性のない人間といった否定的な響きをもつアイデンティティをおいそれと受け入れるわけにはいかない。自分のそうした態度に対して、ある程度正当な意味を与えることができるような、何らかの説明を是非とも考案する必要がある。そうしないことには居心地が良くない。

僕たちは、自分の心理的特徴や行動的特徴の理由を知りたい、そうした特徴を身につけるに至った事情を説明できるような情報がほしいと思うとき、しばしば自分の生育史をたどってみる。自分の生い立ちを振り返ってみると、たとえば小さい頃友だちの気持ちをひどく傷つけてしまったことがあったことを思い出す。さらには、父親が自己主張のものすごく強い人で、周囲の人たちとの軋轢が絶えず、本人も家族もけっこう苦労していたことを思い出す。「これは使える」ということになる。

つまり、人の気持ちを心ならずも傷つけてしまった経験がトラウマになって、人の気持ちを傷つけたくないという思いが強く、それで人の気持ちに過敏なところがあるといった説明を考案する。さらには、自己主張の塊のような父親を身近に見ていて、自己主張しても結局だれのためにもならないし、みんなが気持ちよく過ごせるように、自分はできるだけ自己主張を抑えて、人と人をうまくつなぐような、人間関係の潤滑油みたいな存在になりたいと子ども心に思っていたといった説明を加える。

いったんそうした説明をし始めると、人の気持ちを傷つけたくないために過度に人の気持ちを気遣う自分、自己主張を抑えてだれとでもうまくやっていける人間関係の潤滑油のような自分といったアイデンティティが強く意識されるようになる。

いったんアイデンティティが定まると、日々の行動をとる際に、そうしたアイデンティティにふさわしい行動が選択されるようになる。そうなると、以前はよく見られたただの臆病や気の弱さから出ていたような行動や、単に人の気持ちをくすぐるようなお世辞が目に見えて減ってくる。それに代わって、人の気持ちを心から思いやるような行動や、人と人の間をうまくつなごうとする調整役的な行動に精を出すようになる。こうして自分の態度や行動に一本筋が通ってくる。

このように、自分でもよくわからないままに口にした苦しまぎれの説明が、いつのまにか自分の行動を方向づけることがある。

自己呈示の方向に自分が変わる

このようなメカニズムは、社会心理学でいう「自己呈示の効果」に通じるものがある。自己呈示とは、自分をこんなふうに見せたいといった意図のもとに、作為的に一定の自分を呈示することである。

たとえば、ある実験では、知らない人に対して、自分がいかにも内向的な人物であるかのように装って応対する。また別の人は、反対に、自分がいかにも外向的な人物であるかのように装って応対する。それぞれの人が、内向的あるいは外向的な人物としての自己呈示を行うわけだ。

このような自己呈示が、じつはその後の行動に影響を及ぼすことがわかっている。つまり、内向的人物としての自己呈示を行った人は、この実験の後には、以前に比べて、自分を内向的な人間とみなす傾向が強まっており、実際の行動にも内向的な方向への変化がみられたのだった。反対に、外向的な人物としての自己呈示を行った人は、前よりも自分を外向的な人間とみなす傾向が強く、実際の行動も以前より外向的なものが目立つようになっていた。

人に対してふりを装うことで、自己概念、つまり自分自身に対する見方がふりを装った方向に変化する。人は自己概念に沿った行動を選択するので、実際の行動も、ふりを装った方向へと変化していく。

どうしてこんなことが起こるのか。それは、僕たちに一貫性を求める強い欲求があるからだ。人前である行動を示したからには、そういう行動をとるような人物として自己定義しないことには、気持ちの収まりが悪い。

僕たち人間は、人と人との間に生きている。ゆえに、人に対して「自分はこういう人間だ」と宣言したからには、実際にそういう人間になっていかざるを得ない。相手に抱かせてしまったこちらのイメージを裏切るわけにはいかない。そんな形で、僕たちは、自分が人に対して発したメッセージに縛られている。そうした心理メカニズムが働いているのだ。

僕たちは自らの語りに拘束される

こうしてみると、僕たちのアイデンティティ、僕たちが自分のものとして生きている自己物語は、けっして固定的なものなんかではなく、具体的な語りの場でのやりとりを通して、たえず変更が加えられていると言えそうだ。

　自分の発した言葉を誠実に守ろうとする人もいれば、自分の言葉を忘れたかのように不誠実な態度をとる人もいる。だが、ここでいう自分の言葉に縛られるというのは、ちょっと違ったニュアンスのことをさしている。

　とっさに口をついて出た言葉に縛られたり、苦しまぎれの言い訳に拘束されたり、アドリブ的な語りにその後の人生が方向づけられたりする。語りのもつ力、アイデンティティに対して語りが発する威力のすごさは、カウンセリングといった語りの場で人が生まれ変わることからも明らかだ。

　僕たちには、自分を首尾一貫した筋道をもっている存在とみなしたがる傾向がある。日々の行動が支離滅裂に羅列されているのではなく、何らかの納得のいく説明がつくものであってほしいと願っている。日々の行動に、過去から現在に至る諸々の経験に、うまくつじつまの合う説明をつけてくれる物語筋、それを僕たちは切に求めている。

　それが、自分さがしと言われるものであり、自己物語の探求である。自己物語は、語りの場で探求され、綴られていくのである。

5章

自分を変えたいとき——聞き手を変えれば自分も変わる

1 「自分」は変えられるか？

僕たちは自己物語の文脈に支配されている

これまでの章で見てきたように、僕たちは物語的文脈のもとで現実と触れ合って生きている。裸の現実を体験するなどということはなく、体験されるのは、物語的文脈に沿って意味づけられた出来事である。

意見が対立するとか、気持ちをわかってもらえないといった、すれ違いが人間的かかわりの世界にはつきものだが、それはものごとを意味づける仕方が人によって異なることによるものだ。

そのような個人独自の意味づけの仕方を導いているのが、その人の生きる自己物語の文脈である。世の中を支配—被支配の構図でとらえがちな権力支配の自己物語を生きている人と、本音をさらけ出した温かい気持ちの交流や信頼を基礎にして「心からわかりあうこと」を大事にする愛と信頼の自己物語を生きている人とでは、人間関係の結び方は一八〇度異なっているはずだ。

前者なら、当然のようにつきあう相手を利用価値で決め、利用価値のなくなった相手とつきあうのは時間や労力の無駄として、冷たく切り捨てるだろう。しかし、後者にはそんな非人間的なことはできない。人を利用価値で判断するなどということは、どうしてもこれまでの生き方になじまない。

同じ他人の行動を見ても、前者はその背後にある意図、つまり影響力のある人や周囲の人に対してどんな効果を予想してとった行動なのか、といった読み方をするに違いない。他者に対する行動は、ことごとく人や組織を動かすこと、それによってものごとが自分に有利に展開することを目的としたものとして解釈される。

それに対して、後者だとしたら、その行動が相手に対する同情や共感的配慮を十分含んだものであるかに着目し、温かい心の交流ができる相手かどうか、信頼して本音の交わりをしていける相手か、それとも利害関係中心に動く信用できない相手かといった視点から、その言動を解釈していくことになるだろう。

このように、使える人間かどうかといった視点に立つ場合と、心から信頼してつきあえる人間かどうかといった視点に立つ場合では、ものごとの意味づけ方はまったく異なってくる。同じ言動や出来事を見ていながら、「あの人はどうしてあんな見方をするのだろう」「なぜこっちの考えをわかってくれないんだろう」と自他のものの見方のあまりの違いに首をかしげざるを得ないこともあるが、それは生きている自己物語の違いにより、解釈の枠組みにズレがあることによるのである。

トラウマの文脈による支配？

僕が面接して話を聞いたある年輩の人は、幼い頃に母親が自分を置いて家を出ていったという経験をしていた。父親と別れて、家を出ていったのだ。その後、父親は別の女性と再婚したが、そこで生まれた弟妹たちばかりがかわいがられ、自分は父親からひどい虐待を受けるなど、辛い目に遭ってきたと言う。

その後の人生を語ってもらうと、なぜか身近な人物、愛情込めてかかわってきた人物とのすれ違いや別れのエピソードがやたらと目立つ。親友と思っていた人物とのすれ違いと絶交、心を許した異性とのすれ違いと破局、配偶者とのすれ違いと離婚、愛情深く育てたはずのわが子との葛藤と成人後の絶縁状態——これでもか、これでもか、といった感じで、心がつながっていたかに思われた人物との間のすれ違いと別れのエピソードが繰り返される。

本人は、けっして自ら人間関係を断ち切っているつもりはない。むしろ幼い頃から無縁であった温かい心の触れ合いを求めたり、自分が与えてもらえなかった愛情をわが子に十分に与えようと躍起になったりしていた。それにもかかわらず、事態はいつも悪い方向に展開してしまう。愛情とか温かい心の交流とかいったものに対する本人の渇望の背後にある不安や自信のなさが、知らず知らずのうちに悪影響を及ぼしているのかもしれない。

さすがに本人も、「不幸な星のもとに生まれた人間は、やっぱり幸福になれないんでしょうかねえ」「最近、トラウマっていう言葉が気になって……、幼い頃に心に傷を負うと、生涯それに支配されて、傷を負う経験ばかり繰り返してしまうっていうのはほんとうなんですかねえ」のように、自分の運命を嘆かずにはいられないようである。

優越の文脈による支配？

別の面接で話を聞いた人は、もっと若い人だが、親とくに母親から植えつけられたと思われる優越の文脈によって支配されてきた子ども時代から青年時代を語ってくれた。

小学校の頃から、学校のテストで八〇点とか九〇点といった良い点をとっても、母親はそのこと自体に反応するのでなく、即座に「〇〇ちゃんは何点だった？」と聞いてきて、その子より良かったかどうかばかり気にしていた。その友だちは、クラスで一番できるとても優秀な子だったという。自分の子ども自身が良くできたかどうかでなく、特定の友だちと比べて良かったかどうかが問題とされるのだった。

こうした反応を常に返され続けるわけだから、いつの間にか「自分は周囲の人たちよりも優秀でなければならない」という意識が心の中に注入され、トップの成績がとれたら安心し、そうでないときは落胆するといった反応パターンが定着していった。そこでは、自分の評価は他者との比較のもとで行われるのであるから、周囲の人たちは常に競争相手として意識されることになる。

このようにして、周囲の友だちとの比較をもとに、その人たちに優越することを目的として行われる勉強は、ほんとうに自分がやりたい勉強なのだろうか。そんな疑問がふと頭をもたげるようになる。それでも高校を出るまでは、この文脈から抜け出すことができなかった。さすがに大学生になって、成績順もはっきりしない状況に置かれることで、成績をめぐる競争による支配からはやや解放されつつあると言う。

ただし、小さい頃に植えつけられた「自分は周囲の人たちより優秀な人間でなければならない」といった自己物語の文脈から抜け出すのは、容易なことではない。学校の勉強でも、資格取得でも、サークル活動でも、友だちからの人気でも、生活のあらゆる局面において、周囲の人に優越していなければならないといったプレッシャーにたえずさらされ続けている。

もういい加減そんなものから自由になって、他人の動向などに左右されずに、自分自身のあるべき姿、行くべき方向に向けてがんばっていきたい。それでも、どうしても競争意識というか比較意識のようなものが抜けきらない。人に負けないようにがんばるといった図式にいつの間にかはまってしまい、自分がほんとうは何をどうしたいのかがよくわからないのだ。

対抗同一性の文脈による支配？

対抗同一性の文脈からどうにも抜け出すことができないという人もいた。対抗同一性とは、少数派であること、反主流派であることに積極的な価値を置き、自らの正当性や創造性を主張し、多数派や権力体制に激しく対抗する生き方を身につけていることをさす。

とても穏やかそうに見えるし、実際に人を見下すような態度とは無縁で、どんな相手にも物腰柔らかく、誠実に応対する。ところが、相手が理不尽に権力を行使しようとしたとたんに、人が変わったみたいに攻撃的な態度を示す。横暴な相手に対しては、ひるむどころか容赦なく対抗的な姿勢を向けていく。

それも、相手が強大な権力を誇示しようとしたり、強引に力任せな態度を示したりするほど、それに対応して、本人の攻撃性も増していく。向こうが強く出れば出るほど、こちらもますます強く出る。

「権力に屈しない自分」「弱い者の味方で、理不尽に権力を行使する者に対しては徹底的に抗戦する」といった自己物語を生きている者としては、相手が強大であるからといって逃げるわけにはいかない。相手が強大であればあるほど闘争心が湧いてくる。そこらのへなちょことは違うんだ、といった意識で自分自身を奮い立たせていくことになる。

「損得で動くことなく、自分の信念に則った生き方をしたい」といった文脈が強く根づいているため、自分の身を守ろうとする防衛的な態度はけっしてとることができない。親身に考えてくれる周囲の人から、そんなに逆らったら痛い目に遭わされるかもしれない、ここは相手の理不尽さを見て見ぬふりをしたほうが得策だ、のように忠告してもらっても、自分らしさへのこだわりが邪魔をして、無謀と思われる闘いの中にあえて突進せざるを得ないのだ。

それによって損をするかもしれないし、失うものが大きいかもしれないけれども、信念に従って自分の納得のいく生き方を貫きたい。そうした自己物語の文脈による支配力は強大で、ときに自分でも「そこまでこだわらなくてもよいのに」「もっと楽な生き方をしてもよいのになあ」と思うこともあり、自己陶酔している自分を滑稽に感じることもある。

それでも、やはりどうしても対抗同一性の自己物語から抜け出すことができず、気がつくと闘争の構えをとってしまっていると言う。

なかなか変わらない自分

自分を変えたい。こんな自分でいるのは苦しすぎるから、何とかこんな自分から脱したい。別の自分に生まれ変わりたい。そんな思いを強くもちながらも、どうにも自分が変わっていかない――、そうした悩みを抱える人も少なくない。「変わろうと思って簡単に変われるくらいなら、だれも自分のことで悩んだりはしないでしょう。人は変わろうと思ってもなかなか変われない。だからこそ悩むんじゃないですか」といった声が聞こえてくるようだ。それは僕も否定しない。

アルコール依存症の人も、恋愛や性関係に依存している人も、つい暴力を振るってしまう人も、浪費癖の抜けない人も、こんな自分を変えてしまいたいと本気で思っているはずなのだが、なかなか変われない自分がいる。

恋人との関係に悩んでいる女性が、わがままでだらしのない、でも憎めない率直さがあって、こっちに依存してくる男性とばかり縁があるが、自分はいつも母親役を演じなければならないので疲れてしまうと訴えるケースがあった。

手のかかる相手に振り回されるのは疲れるとは言うものの、母親のように面倒をみることに一種の心地よさのようなものがあるから、あるいは自分の存在価値が実感できるというようなことがあるからこそ、同じパターンを繰り返すことになるのではないか。自分が変わってもいいという覚悟ができないから、同じパターンを繰り返せるような相手を探してしまうのではないだろうか。

自分を変えたいと思ったら、思い切って関係のネットワークを切り換えることが必要だ。これまでとは違う関係のネットワークの中に置かれると、自分の経験の語り方が違ってくる。語り方が変わると、経験から汲み上げてくるものが変わってくる。それは自己物語に変化が生じたことを意味する。

僕たちは、今の自己物語から抜けられないのか?

こんな生き方は損だなあと思いはしても、それが自分らしさを表していると感じられるかぎり、その生き方を変えるわけにはいかない。その生き方というのは、あのとき自分はこんな態度をとった、また別のときには自分はこんな行動をとったといった個々のエピソードの積み重ねとして、一貫性のある物語の形で保存されている。それが、僕たちのアイデンティティは物語として保証されているということである。

僕たちは、自分が一定の物語を生きていると改めて意識しているわけではないけれども、物語的文脈に拘束されて日々の態度や行動を決定しているのだ。

このことは前章まででも触れてきたことだが、この章で考えてみたいのは、自分を変えたいと思うとき、自分の思考パターンや行動パターンを変えたいとき、どうしたらよいのかということである。

これまでと同じ物語的文脈を生きているかぎり、僕たちはこれまでの思考パターンや行動パターンを変えることはできない。思考パターンや行動パターンは、自己物語の文脈によって強く規定されている。そうであるなら、思考パターンや行動パターンを変えたいと思ったら、採用している自己物語の文脈を変えていく必要がある。これまで生きてきた自己物語から抜け出さないかぎり、自分の思考パターンや行動パターンを変えることはできない。

今の自分の生き方は納得がいかない、何とか自分を変えたい。そうは思うのだがなかなか自分を変えることができない。これまでのパッとしない自分から脱皮できない。そんな声をよく聞くが、それはこれまで生きてきた自己物語の拘束力が強くて、そこからなかなか抜け出せないことを意味する。

これまで当たり前のように生きてきた自己物語から抜け出すには、かなりの覚悟と行動力を要する。自分を変えたいのになかなか変わらないと嘆く人の場合、じつは慣れ親しんだ自己物語から思い切って脱する覚悟ができていないのではないか。

自己物語の文脈が変われば、世界の意味が一変する

同じ出来事でも、生きている自己物語が違えば、作用する文脈効果も異なるため、違った意味づけのもと、まるでまったく違った出来事として受けとめられることになる。

テレビドラマで何らかの事件を扱ったものがよくあるが、同じ一つの事件であっても、被害者の側の視点に立つか加害者の側の視点に立つかで、まったく違ったドラマをつくることができる。

被害者の側に立つなら、その事件がいかに悲惨なものであり、それにより被害者がどれほどの痛手をこうむったかに焦点をあて、加害者の行為の不当性を責め立てるとともに、被害者の側の気持ちへの共感が切々と訴えられることになるだろう。一方、加害者の側に立つとしたら、加害者が置かれていた切迫した状況がまず描かれ、もともとけっして悪い人物ではなかったのに、社会的に追いつめられることによって、いかにして事件の加害者となるに至ったか、罪を犯すことになると知りつつも事件を犯さずにはいられない状況に追い込まれていく気持ちへの共感が切々と訴えられることになるだろう。

同じ出来事でも、視点が異なれば、その受けとめ方が違ってくる。視点というのは生きている自己物語が与えてくれるものである。つまり、自己物語の文脈が、ものごとを見る視点を与えてくれる。人によって、まったく同じ現実からそれぞれに異なった意味の世界を紡《つむ》ぎだしているのである。ということは、同じ人物であっても、生きる指針として採用している自己物語が変われば、周囲の出来事の受けとめ方が一変するということになる。

では、どうしたら生きてきた自己物語の文脈に変化を与えることができるのだろうか。

2 「自分」は変えることができる——どのようにすれば？

他者の視点に触れる経験

人としゃべっていると、同じことがらに対してこれほど見方が違うものかと驚かされることがある。なんでこんなことがわからないのかとイライラしたり、どうしてそんな見方をするのかと不可解に思ったりすることもあれば、そういう見方もあるんだと感心したりすることもある。いずれにしても、それらは他者の視点に触れる経験ということができるだろう。

このように他者の視点に触れる経験をすることで、僕たちはその他者の視点を取り入れていく。これは、自己が他者を含むものへと拡張していくことを意味する。僕たちは、この世に生まれ落ちた時点で、世界に対するひとつの視点を身につけているわけではない。生後、身近に接する人たちのもつ視点を取り入れることで、世界を見る視点をもつようになっていくのだ。

人生の初期に、周囲の人たち、とくに両親のように身近にかかわる人たちの視点に触れ、そうした他者を含むものへと自己が拡張されていく。そうした身近に接する他者の視点を取り込むような形で自己物語が形成されていく。

はじめのうちは、身近な他者の視点に触れるごとにそれを取り込むというようにして、大きな揺れを見せながら自己物語が形成されていく。視野が広がるという言い方がなされることがあるが、それは新たな視点を他者から取り入れることで、ものごとをより多角的に見られるようになることをさすものである。

しかし、そのうちに、その内容が蓄積されてくるにつれて、自己物語は周囲の人たちにあまり左右されないような安定感のあるものへと仕上がっていく。こうして、僕たちの見方は、よく言えば安定し、悪く言えば固定化されていく。僕たちは、自己物語の文脈を基準に周囲の出来事を意味づけ、自分の世界を築き上げていく。

この安定化した自己物語の世界から脱しようという動きが出始めるのが、人生の節目とか人生の危機とか呼ばれる時期である。

では、これまで安住してきた自己物語の世界が窮屈になったとき、居心地悪く感じられるようになってきたとき、どのようにしてそこから脱したらよいのだろうか。脱するなどというように、自己物語の大胆な書き換えをすることはないにしても、どうしたら自己物語を新たなバージョンに書き換えることができるのだろうか。

語る相手を変える

自分が嫌になったとき、自分のこれまでの生き方に嫌気がさしたとき、人は自己についての新たな語り方を必要とする。カウンセリングを受けるというのはその最たるものだが、そこまで本格的な語り直しの場を求めるのでなくても、もっと身近な語りの場で自己を語り直していくことになる。

つまり、自分が嫌になるというのは、いわばこれまで生きてきた自己物語にうんざりしてきたことを意味する。そこでは、自己物語の書き換えが必要となる。環境や置かれた状況が変化したために、これまでの自己物語が通用しなくなるということもあるかもしれない。その場合も、自己物語を今の状況によりフィットしたものへと書き換えていく必要がある。

では、そうした書き換えをもたらすものは何かというと、それは語り直すことだと言える。そして、語り直す、つまりこれまでとは違うふうに自己を語るということを考えたとき、手っ取り早いのは、語る相手を変えることだ。

試しに自己を語る相手を変えてみれば、自分の語り口が自然と変化していくことに気づくはずだ。転校したり就職したりして環境が変わったのをきっかけに、自分の性格や行動パターンが大きく変わったという話をよく聞く。それまではとても控えめで消極的だった人が、まるで別人のように積極的に振る舞うようになったりする。これなども、身近に接する相手が変わることで、自分を語って呈示する仕方を大胆に変えることができるといった事情によるものと言える。

もちろん、語る相手が変わるというのは、常にプラスの意味をもつわけではない。進学して環境が変わったために、生活が堕落してきたように感じるという学生が相談に来たこともあった。その場合は、人生に対する安易な姿勢をもつ仲間たちを相手に語るうちに、自分自身の中に人生に対して安易に無責任に構える態度が取り込まれ、浸透してきたということだった。

旅に出ることの効果

何もかもが嫌になったとき、人はしばしば旅に出るということをする。

ふだん生活している場所から脱出すると、まわりは見慣れない光景ばかり。日頃交わっている人たちは一切おらず、そこにいるのは見知らぬ人ばかり。仕事や家庭を含めてあらゆる日常的な生活習慣からも解放される。いつもと違う場所、人、生活習慣。そうした非日常的な環境に身を置くことで、日常的に自分を方向づけている自己物語による縛りが、しばしゆるむのを実感できる。

旅先では、日常的に接してきた相手との接触が断たれるため、これまでの自己の語り方から解放される。たまたま旅先で出会った人と意気投合して語り合うとき、相手はこれまでの自分を知らないのだから、これまで生きてきた自己物語の物語筋を踏まえずに、こうなりたいという方向に自己を語ることができる。

これまでの自分を知っている人を前にすると、どうしてもこれまで生きてきた自己物語の文脈からずれる語りはしにくい。何を語るにも、これまでの自分の生き方を基準にした語り方をしないと、相手の心の中にしっくり収まっていかない。そこをじっくり説明してわかってもらうのも面倒なので、ついついこれまでの語り口を踏襲してしまう。ゆえに、慣れ親しんだ人たちの中にいながら、生まれ変わるというのは難しい。つまり、そのような状況では、新たな自己物語へと書き換えていくのに大きな困難がともなう。

何もかもが非日常的な場に身を置くことが、新たな自分の創造、つまり新たな自己物語の創造につながる。

旅に出たいという衝動に駆られるとき、人は非日常的な場面での、これまでの自分を知らない人を前にしての、新たな自己の語りのチャンスを求めているのだ。気持ちを新たにして、別の自分の語り方をしたい。そんな思いを抱いて、人は心機一転の旅に出る。

聞き手の作用

僕たちは、聞き手による非難や否定を避け、聞き手から肯定し、共感してもらえるような語り方をする。その際、聞き手の理解の枠組み、つまり聞き手の生きている物語的文脈を推論しつつ、語り方を調節することになる。

自分を最もさらけ出しやすい相手というのは、自分が生きている物語的文脈を最もよくわかってくれている相手だろう。一般にそれは最も身近な相手ということになるが、具体的にだれであるかは、人により異なるはずだ。家族が最もわかってくれているという人もあれば、学生時代以来の親友が最もよくわかってくれているという人もあるだろう。いずれにしても、たとえば家で家族に自分の身のまわりの出来事やそれにまつわる思いを語るときと、共に学んだり遊んだりする中で本音で語り合ってきた親友にそうしたことを語るときとでは、語り方が違っているものだ。

語りの場では、目の前の聞き手が抱いているこちらの自己像、つまりこちらがどのような自己物語を生きている人物であると理解しているかに合わせて語ることになる。その人物像からはずれた語りをしたら、聞き手は話の流れを理解しきれず混乱してしまう。自分は変わったんだということを知ってもらおうという場合でも、聞き手が理解しているこれまでのこちらの人物像を踏まえた語りの流れをつくっていかなければならない。そうでないと話がスムーズに進まない。このような意味で、僕たちの語りは聞き手に大いに規定されるのだ。

語り方を聞き手に合わせて調節しているうちに、語り方そのものに変化が起こってくる。それは自己物語が変化していくことである。人との出会いによって自分が変わるというのは、そのような事態をさすのではないだろうか。

僕たちは語る相手を選ぶことで自己を安定させている

だれかに自分の経験や思いを語るときのことを思い浮かべてみよう。今伝えたいと思っている内容がすっと浸透していきそうな話しやすい相手と、どうもかみ合わずはじき返される感じがする話しにくい相手というのがいる。前者はこちらの自己物語と共通部分の多い自己物語を生きている人物、後者はこちらの自己物語と共通部分の少ない自己物語を生きている人物ということができる。

生きている自己物語に共通部分が多い人同士は、現実を共有しやすい。僕たちが生きている現実というのは、客観的な現実というようなものではなくて、採用している自己物語の文脈のもとに解釈され意味づけられることで構成された世界としての現実である。ゆえに、共通部分の多い自己物語を生きる人同士は、周囲の出来事や自身の内的な経験を意味づける仕方が似ているため、お互いの経験や思いを理解しやすい。

たとえば、組織人間としての自己物語を生きている人は、組織の中でいかに有利なポジションをとるかをたえず意識して行動するだろう。良いポジションを得るためには、上司に理不尽なことをされても目をつぶり、自分の良心の声も可能なかぎり無視して、組織の論理を最優先して行動することになる。

そういう人が、もし自立的人間としての自己物語を生きる人と語り合う場をもったとすると、とても居心地の悪い思いをするにちがいない。自立的人間の文脈のもとに自分の行動を置いてみれば、出世のために自分を捨てた情けない人物の姿が浮かび上がってしまう。自分の日々とっている行動が、ことごとく否定されることになる。相手があからさまに否定するようなことをしなくても、相手とのやりとりを通して、自分が否定されているような居心地の悪さを感じざるを得ない。

そこで、僕たちは、無意識のうちに語り合う相手を選ぶことになる。仕事や勉強、学校生活や家庭生活、あらゆる生活の局面でストレスに耐えながら過ごしているわけだから、せめて自己を語るときくらい気持ちよく語りたい。そんなわけで、どうしても自己物語の重なりが大きい人とのつきあいばかりに偏りがちとならざるを得ない。

異質な自己物語を生きている人同士は、会社や学校など客観的には同じ世界にいたとしても、経験している現実に共通点は乏しい。自分の語りに対してなかなか承認が得られないし、相手の語りもどうにも納得しがたい。話していても、もどかしさにイライラしてくる。

語りがストレス発散になるのは、本音を気持ちよく語れる場合にあてはまることだ。気持ちが通じず、気を遣いながらの語りでは、語ることで気持ちがスッキリするどころか、ストレスがたまってくる。そこで、いつの間にか疎遠になっていってしまう。

価値観が似ていることの効果

「対人魅力の心理学」という領域では、人が人に惹かれるときに働いている要因の研究がなされているが、最も強力な要因は価値観の類似性であることがわかっている。

価値観が似ているということは、心理学的に言えば、大きな心理的報酬となるのだ。どういう意味で報酬になるかと言えば、まず相手も自分と似たものの見方をするために、自分の考え方や感じ方の妥当性が支持されるということがある。人はだれも自分のものの見方や感じ方が妥当なものかどうかに不安を抱いているので、他人から与えられる支持はとても心強い支えとなる。価値観が類似した人同士は、互いに相手の生き方を支持し合うことができるため、そのつきあいは双方にとって報酬となるというわけだ。

実際、そのことは多くの実証的研究によって証明されている。たとえば、見知らぬ人の価値観がわかるアンケート調査の結果を見せて、その人の印象を評価させると、価値観が自分に類似している度合いが高い人ほど好意的に評価される。これは、数ある研究のどれをみても例外なく示されている結果だ。

また、実際のカップルを連れてきて、価値観を測るテストをしておき、数ヵ月後にふたりの関係がより親密な方向に進展したか、変わらないか、それとも疎遠になっていったかを調べてみたところ、価値観が類似していたカップルほど関係が進展していることを見出した調査もある。

これほどに価値観の類似性の効果は強く作用するのである。

自己物語を安定化する試み

重なりの多い自己物語を生きる人同士は、自他の行動の解釈の仕方、もっと大きく言えば世界を意味づける仕方が似ているため、相互に理解しやすい。

たとえば、利害で動く生き方をしている人は、相手も利害で動く人であれば、その行動の予測もつきやすいし、双方の利害のバランスをとることさえ気をつければ、うまくつきあっていくことができる。ところが、相手が利害で動く人でなく、気持ちの結びつきと信頼で動く人となると、そうはいかない。利害を度外視して動くこともあるので、行動の予測がつかず、相手の出方がわからない。したがって、うまく操ることができない。それどころか、意外な反応にかき乱されたりする。どうしたらうまくつきあっていけるのかさえわからない。そこで、つきあいづらい人として、どうしても敬遠することになりがちだ。

気持ちの結びつきと信頼を大事にする人たちからすれば、利害で動く人の倫理観の欠如は許し難いものであり、信用ならない。とても一緒にやってゆける相手ではないということになる。一方、利害関係を軸として人間関係を結ぶ人たちからすれば、気持ちや信頼をもとに動く人の甘さばかりが目につき、そんな世間知らずの連中とは手を組めないということになる。どちらが正しいかは、価値観の問題というしかない。

価値観の問題となると、論理的に証明できるわけではないし、言ってみれば物語的思考で自分なりの結論を導き出すしかない。自分は過去にこういう経験をした。だから、人間というのはこんなふうに動く存在だと思うし、社会とはこんなものだという見方をとる。そして、自分もこんなふうな生き方をすべきだと信じている。

その根拠となっているのは、過去の経験を選択的に抽出し、並べ立て、それらを意味づける自己物語の文脈である。感情論理などという言い方があるが、はじめに意味の流れがあって、そこに個々の出来事がはめ込まれていくのだ。

結局、どんな自己物語が正しいのかといった基準はない。だからこそ、自己を正当化するために、類似した自己物語を生きる人同士がかかわりを強化し、相互に正当化しあうことで、安心を分かちあおうとするのだ。

異質な者を排除しようとする傾向

アイデンティティの心理学を展開したエリクソンは、アイデンティティの確立が親密な深い交わりの前提条件になるとみなした。

アイデンティティが定まらず、自分がだれだかわからない、どんな生き方をすべきなのかが見えてこないという人は、「これが自分のやり方だ」と自信をもって示すことができないため、他人を前にしてどうしても防衛的な構えをとってしまう。相手との間に自己を投げ出すことができず、大きな心理的距離をとって身を守ろうとするため、親密なかかわりの世界に乗り出していけない。

しかし、親離れして、横の関係を支えに自立の道を歩まなければならない若い人々にとって、親密な仲間がいないのは淋しすぎる。そこで、それほど深い交わりがなくても適度に楽しく気をまぎらすことができる気の合う仲間を求める。

最近の若い世代の特徴として、異質な人を排除して、似た者同士でこぢんまりとまとまろうとする傾向が指摘される。これも自信のなさの表れであり、同時に現代が安定した自己物語をもちにくい時代であることを表している。

自分がどっしりと定まっていれば、他人に対してビクビク、おどおどすることもないが、自分が不安定でよくわからないからこそ、かろうじて保っている小さな安定を壊さないようにと防衛的な構えに終始する。異質な人とうっかりかかわって、自分が揺さぶられ、均衡が崩れることを恐れ、たとえ一面的でもよいから安定が得られるよう腐心する。

こうして、自分と似た特定のタイプの相手とばかりかかわることで、一定の自分が安定的に維持されるのである。

異質な人物に惹かれるとき

だが、ときに自分とは異質なタイプに惹かれることがある。いつもなら無意識にかかわりを避けようとするタイプの人に、なぜか気持ちを向けようとしている自分、心を開こうとしている自分を発見して、「どうしたんだろう」とわれながら不可解に思い、当惑することがある。そんなときは、今の自分から脱皮したいという心の声がどこかにあるのではないか。内なる心の声が、自分の革新を唱えているのだ。そのために、異質な存在に触れる必要性をほのめかすのだ。

いつもかかわっている人とは異なったタイプの人、これまで自身の自己物語に深く侵入してきたり向こうの自己物語に深く侵入したりすることを避けてきた人とのかかわりを通して、新たな自己の一面が引き出される。いつもなら軽くかわしてきた類の相手なのに、どういうわけか深くコミットしてみたくなる。そこに新たな聞き手を前にした自己語りが始まる。

新たな相手にわかるように、その相手の理解の枠組みに合わせて自分を語ろうとすることの中で、知らず知らずのうちに自己の変容が起こってくる。僕たちが自己を語るとき、聞き手が納得しやすいようなストーリーに加工して物語ることになる。当然、これまでかかわることのなかった聞き手を得ることで、語り方も違ってくる。

語り方が違ってくるということは、語られる自己物語が変わってくること、自己の諸経験を素材に自己物語を綴っていく際の新たな文脈が形づくられることを意味する。それは、自己物語が変容するということ以外の何ものでもない。つまり、自分が変わるのだ。

本気で人と向き合うときに自分が変わる

僕たちの自己物語は、語り合いを通して、相手に対応した部分がつくられていく。小さい頃からかかわりの世界に生きているわけだから、両親、祖父母、兄弟姉妹、友だち、先生たちとの語り合いに対応した自己物語が形成されているはずである。それを基礎としつつ、そのときどきの目の前の相手との語り合いを通して、自己物語は日々更新され続ける。

ゆえに、向き合う相手によって、自己物語の方向性は大きく左右されることになる。僕たちの自己物語は、相手の聞き方によって方向づけられている。同時に、僕たちの聞き方がたえず相手の自己物語を方向づける。ゆえに、本気で向き合おうとすると、ついつい衝突しがちとなる。こちらの文脈と向こうの文脈が抵触し、どちらかが一方的に譲らないかぎりは、交渉によって両者がそこそこ納得できるような第三の文脈をつくっていかなければならない。

表面的な交わりの相手なら、文脈がすれ違っていたところで、別にどうでもいいことだ。調整する必要もないし、すれ違ったままに適当にかかわっていればよい。そこでは、新たな自己物語の創造は起こらない。

本気の交わりの中でこそ、自分をぶつけ合う深いかかわりの中でこそ、新たな自己物語の創造ということが起こってくる。自分の生きてきた自己物語をぶつけ合い、双方の文脈が衝突し、折り合いをつけ、新たな道をつけようとする試みの中で、新たな自己物語が創造される。本気で向き合う深い交わりの中で自分が変わるというのは、そういうことなのだ。

本気の恋愛の中で自分が変わる

深い交わりの中で自分が変わる。そういうシチュエーションの典型が恋愛だ。

相手に深くコミットした恋愛関係に進むか、ただ楽しければいいといったスタンスで自分を本気でぶつけ合うことのない軽い恋愛関係にとどめるか。その恋愛のスタイルの違いは、自己の変革や創造が起こるかどうかを大きく左右する。

自分が変わることを恐れ、成長よりも小さな安定を望む自己防衛的な人は、今自分が生きている自己物語が揺さぶられないよう、深い交わりを極力避けようとするだろう。そのようなタイプは、恋愛でも防衛的なスタイルをとりがちだ。

とくに恋愛で本気に相手と向き合えないというタイプには、親からの自立に伴う孤独感を十分味わっていない人が多いように思われる。親子関係の中にどっぷり浸かり、それだけでかなり満ち足りた安定感のある生活が流れているので、異性の前に身を投げ出し、傷つきながらも本気で向き合うようなエネルギーのいることをわざわざしようとは思わない。恋愛できない症候群などと言われる、恋愛に本気で走れない若い世代の増加と、パラサイト・シングルなどと言われる自立せずに親に依存し続ける若い世代の増加は、見事に並行して起こっている現象と言える。

自分が変わるような本気の恋愛をするには、家族の中でつくられ、生きられてきた自己物語から思い切って抜け出す決意が必要だ。逆に言えば、身を投げ出して深くコミットする恋愛を通して、家族を軸に据えた自己物語から脱出することができる。それを丸ごと脱ぎ捨てるわけではないが、恋人の生きる自己物語の文脈を取り入れ、その新たな視点から自分のこれまでの経験を再検討したり、将来展望を見直したりすることになる。そうすることで、これまでのものとはひと味違った新たな自己物語が創造されていく。

自分を変えたいとき

自分を変えたい、生活を変えたい、とふと思うことがある。そんなときは、別の自己物語に触れることで、自己物語に変容を起こせばよいのだ。別の自己物語の中からある視点を獲得し、それを自分の自己物語の文脈に組み込むと、自分の振り返り方が違ってくる。それに伴って、過去経験のもつ意味が変わってくる。経験される世界が一変する。それは、自分が変わるということだ。

自己物語に新たな視点を取り入れるには、ふだんと違う語り方をすること、つまり自分の経験の語り方を変えてみるのがよい。そのためには、語る相手を変えてみるのがよいというわけだ。

日頃接している相手とは違った視点でものを見る相手に自己を語ることによって、普段とは違った語り方になっていく。その相手に拒絶されないような、その相手の理解の枠組みからもわかってもらえそうな語り方を模索しつつ語ることの中で、自然にその相手のもつ視点がこちらの中に取り入れられてくる。

過去に経験したことがらの選択からその意味づけまで、自己物語を貫いているものは何かといったことからそれを例証する仕方まで、新たな聞き手を前に語ることの中で何らかの変容が生じていく。

だから、自分を変えたいときには、日頃語っている相手とは違う聞き手をもつことだ。ふだんつきあっている相手とは違う聞き手に、思い切って自己を語ることで、語られる自己物語に変化が生じる。それが、言ってみれば、自分が変わるということなのだ。

語り方が変われば世界も変わる

これまでに見てきたように、現実の出来事というのは、それを意味づける自己物語の文脈によって、さまざまな解釈が可能である。どんな出来事にも、一連の出来事の連鎖にも、複数の解釈が並存する。どれが正しくて、どれが間違っているというのではなくて、いくつもの解釈が成立し得るのだ。

毎日が退屈でしようがない、変化がない、輝きがない。それも、これまでの経験の素材そのもの、目の前の現実そのものが退屈きわまるものだとか、変化がないとか、輝きがないとかいうわけではない。ものごとを解釈し意味づける枠組みとして機能する自己物語の文脈が、そのような見え方や感じ方をもたらしているのだ。

ゆえに、自己物語の文脈に少し変化を加えれば、過去経験のもつ意味も、現実のもつ意味も、大いに違ってくる。どんより曇って見えていた世界が急に輝き出すかもしれない。

語りというのは、無色透明なものではあり得ない。何らかの意図のもとに色づけられている。語りの背後には、「こう語りたい」といった意図がある。語りは聞き手とのかかわりの中で形づくられるが、その聞き手からこんな自分に見られたいといった思いが、語りを方向づける。こんな自己物語の主人公でいたいといった思いが、語りを一定の方向に導いていく。

語り方に、正しいとか正しくないとかはない。自分が納得できるかどうか、そして聞き手に納得してもらえるかどうかが問題なのだ。語り手と聞き手の相互作用の中にこそ、自己物語の変容が生じる可能性がある。ものごとを解釈する基準となる自己物語が変わることで、まったく違う現実を、まったく違う自分として生きることも可能となる。

そこで大切なのは、自分はこんな自己物語の主人公でいたいという思いを再確認すること。そして、それに沿った語りができるように、聞き手としてふさわしい相手を選ぶことなのである。

おわりに

自分らしく生きることが大事だと言われるようになって久しい。しかし、未だに自分らしさというものに手が届かないというのが多くの人たちの実状ではないか。「自分らしく」などと意識すればするほど、どうするのが自分らしいのかがわからず、身動きがとれなくなってしまう。

自分らしさがつかめれば、進むべき方向性も定まるから、生きる力も湧いてくる。でも、それがなかなかつかめない。カウンセリング・ブームなどと言われるけれども、カウンセリングの場で中心となるテーマは、見失っている自分をはっきりさせるということだ。カウンセリングを必要とする人が多いということは、自分をつかみきれずに悩んでいる人が巷にあふれていることの証拠と言える。

このつかみどころのない自分というやっかいな代物《しろもの》をうまく扱うために、この本では自己物語という視点をとってみた。自分というのを、これまでに経験してきたことがらによって綴られているひとつの物語であるという視点に立つ。そうすると、自分を振り返る行為はとても具体的なものとなる。「自分とは何か?」のような抽象的な問いは、「自分はどのような物語を生きているのか?」という問いに形を変える。そこでは、自分がこれまでにどのような人生を送ってきたかを振り返り、今現在どんな人生を歩んでおり、今後どのような方向に歩みを進めていくだろうかということを具体的に考えてみればよい。

そのように自分自身が生きている自己物語を明確化し、それを自分にとってより納得のいく自己物語に書き換えていくには、よい聞き手をもつことが必要になる。自分について語るとき、語り手は自分主導で語っているように感じているかもしれないが、じつは語られる自己物語には聞き手の視点がいつの間にかしっかりと織り込まれている。そこで、この本では、自分づくりにおける聞き手の役割を強調している。

この本を読んだからといって、納得のいく自己物語がすぐに手に入るというようなことはないだろう。でも、自分を見つめ直すための手がかり、自分を語り、自分をつくっていくための手がかりは、いろいろと示すことができたのではないかと思う。

最後に、この本をまとめる機会をつくってくださった大学院時代の恩師である詫摩武俊先生、そしてこの本の編集を担当していただいた講談社の田辺瑞雄さんに、心から感謝申し上げたい。

二〇〇一年一二月

榎本博明

自己物語について学ぶための参考文献

A・アドラー著　高尾利数訳『人生の意味の心理学』春秋社　1984年
F・C・バートレット著　宇津木保・辻正三訳『想起の心理学』誠信書房　1983年
Bruner, J. *The "remembered" self.* In U.Neisser & R.Fivush(eds.) The remembered self : Construction and accuracy in the self-narrative, 41-54, New York:Cambridge University Press, 1994
榎本博明『〈私〉の心理学的探求——物語としての自己の視点から』有斐閣　1999年
榎本博明『「自己」の心理学——自分探しへの誘い』サイエンス社　1998年
Gergen, K.J. & Gergen, M.M. *Narrative and the self as relationship.* Advances in Experimental Social Psychology, 21, 17-56, 1988
Hermans, J.M., Kempen, H.J.G., & Van Loon, R.J.P. *The dialogical self*: Beyond individualism and rationalism. American Psychologist, 47, 23-33, 1992
片桐雅隆『自己と「語り」の社会学——構築主義的展開』世界思想社　2000年
S・マクナミー、K・J・ガーゲン編　野口裕二・野村直樹訳『ナラティヴ・セラピー——社会構成主義の実践』金剛出版　1997年
Neisser, U. *Five kinds of self-knowledge.* Philosophical Psychology, 1, 35-59, 1988
Polkinghorne, D.E. *Narrative knowing and the human sciences.* Albany, New York : State University of New York Press, 1988
C・R・ロージァズ著　伊東博編訳『ロージァズ全集8　パースナリティ理論』岩崎学術出版社　1967年
白井利明『時間的展望の生涯発達心理学』勁草書房　1997年
Spence, D.P. *Narrative truth and historical truth* : Meaning and interpretation in psychoanalysis. New York : Norton, 1982
やまだようこ編著『人生を物語る——生成のライフストーリー』ミネルヴァ書房　2000年

講談社現代新書　1586

〈ほんとうの自分《じぶん》〉のつくり方《かた》——自己物語《じこものがたり》の心理学《しんりがく》

二〇〇二年一月二〇日第一刷発行　二〇二〇年五月一四日第八刷発行

著者　榎本博明《えのもとひろあき》　

発行者　渡瀬昌彦
発行所　株式会社講談社
東京都文京区音羽二丁目一二—二一　郵便番号一一二—八〇〇一
電話　〇三—五三九五—三五二一　編集（現代新書）
〇三—五三九五—四四一五　販売
〇三—五三九五—三六一五　業務
装幀者　中島英樹
印刷所　豊国印刷株式会社
製本所　株式会社国宝社
定価はカバーに表示してあります　Printed in Japan

N.D.C.146　216p　18cm
ISBN4-06-149586-0

「講談社現代新書」の刊行にあたって

教養は万人が身をもって養い創造すべきものであって、一部の専門家の占有物として、ただ一方的に人々の手もとに配布され伝達されうるものではありません。

しかし、不幸にしてわが国の現状では、教養の重要な養いとなるべき書物は、ほとんど講壇からの天下りや単なる解説に終始し、知識技術を真剣に希求する青少年・学生・一般民衆の根本的な疑問や興味は、けっして十分に答えられ、解きほぐされ、手引きされることがありません。万人の内奥から発した真正の教養への芽ばえが、こうして放置され、むなしく滅びさる運命にゆだねられているのです。

このことは、中・高校だけで教育をおわる人々の成長をはばんでいるだけでなく、大学に進んだり、インテリと目されたりする人々の精神力の健康さえもむしばみ、わが国の文化の実質をまことに脆弱なものにしています。単なる博識以上の根強い思索力・判断力、および確かな技術にささえられた教養を必要とする日本の将来にとって、これは真剣に憂慮されなければならない事態であるといわなければなりません。

わたしたちの「講談社現代新書」は、この事態の克服を意図して計画されたものです。これによってわたしたちは、講壇からの天下りでもなく、単なる解説書でもない、もっぱら万人の魂に生ずる初発的かつ根本的な問題をとらえ、掘り起こし、手引きし、しかも最新の知識への展望を万人に確立させる書物を、新しく世の中に送り出したいと念願しています。

わたしたちは、創業以来民衆を対象とする啓蒙の仕事に専心してきた講談社にとって、これこそもっともふさわしい課題であり、伝統ある出版社としての義務でもあると考えているのです。

一九六四年四月　　野間省一

哲学・思想Ⅰ

66 哲学のすすめ――岩崎武雄
159 弁証法はどういう科学か 三浦つとむ
501 ニーチェとの対話――西尾幹二
871 言葉と無意識――丸山圭三郎
898 はじめての構造主義 橋爪大三郎
916 哲学入門一歩前――廣松渉
921 現代思想を読む事典 今村仁司 編
977 哲学の歴史――新田義弘
989 ミシェル・フーコー 内田隆三
1001 今こそマルクスを読み返す 廣松渉
1286 哲学の謎――野矢茂樹
1293 「時間」を哲学する――中島義道
1315 じぶん・この不思議な存在――鷲田清一
1357 新しいヘーゲル――長谷川宏
1383 カントの人間学――中島義道
1401 これがニーチェだ――永井均
1420 無限論の教室――野矢茂樹
1466 ゲーデルの哲学――高橋昌一郎
1575 動物化するポストモダン 東浩紀
1582 ロボットの心――柴田正良
1600 ハイデガー=存在神秘の哲学――古東哲明
1635 これが現象学だ――谷徹
1638 時間は実在するか 入不二基義
1675 ウィトゲンシュタインはこう考えた 鬼界彰夫
1783 スピノザの世界――上野修
1839 読む哲学事典――田島正樹
1948 理性の限界――高橋昌一郎
1957 リアルのゆくえ――大塚英志 東浩紀
1996 今こそアーレントを読み直す――仲正昌樹
2004 はじめての言語ゲーム――橋爪大三郎
2048 知性の限界――高橋昌一郎
2050 超解読! はじめてのヘーゲル『精神現象学』 竹田青嗣 西研
2084 はじめての政治哲学 小川仁志
2099 超解読! はじめてのカント『純粋理性批判』 竹田青嗣
2153 感性の限界――高橋昌一郎
2169 超解読! はじめてのフッサール『現象学の理念』――竹田青嗣
2185 死別の悲しみに向き合う――坂口幸弘
2279 マックス・ウェーバーを読む――仲正昌樹

政治・社会

1145 冤罪はこうして作られる　小田中聰樹
1201 情報操作のトリック　川上和久
1488 日本の公安警察——青木理
1540 戦争を記憶する——藤原帰一
1742 教育と国家——高橋哲哉
1965 創価学会の研究——玉野和志
1969 若者のための政治マニュアル——山口二郎
1977 天皇陛下の全仕事——山本雅人
1978 思考停止社会——郷原信郎
1985 日米同盟の正体——孫崎享
2053 〈中東〉の考え方——酒井啓子
2059 消費税のカラクリ——斎藤貴男
2068 財政危機と社会保障——鈴木亘
2073 リスクに背を向ける日本人　山岸俊男 メアリー・C・ブリントン
2079 認知症と長寿社会——信濃毎日新聞取材班
2110 原発報道とメディア——武田徹
2112 原発社会からの離脱　宮台真司 飯田哲也
2115 国力とは何か——中野剛志
2117 未曾有と想定外——畑村洋太郎
2123 中国社会の見えない掟　加藤隆則
2130 ケインズとハイエク　松原隆一郎
2135 弱者の居場所がない社会　阿部彩
2138 超高齢社会の基礎知識　鈴木隆雄
2149 不愉快な現実——孫崎享
2152 鉄道と国家——小牟田哲彦
2176 JAL再建の真実——町田徹
2181 日本を滅ぼす消費税増税——菊池英博
2183 死刑と正義——森炎
2186 民法はおもしろい——池田真朗
2197 「反日」中国の真実——加藤隆則
2203 ビッグデータの覇者たち——海部美知
2232 やさしさをまとった殲滅の時代　堀井憲一郎
2246 愛と暴力の戦後とその後——赤坂真理
2247 国際メディア情報戦——高木徹
2276 ジャーナリズムの現場から　大鹿靖明 編著
2294 安倍官邸の正体——田﨑史郎
2295 福島第一原発事故 7つの謎　NHKスペシャル『メルトダウン』取材班
2297 ニッポンの裁判——瀬木比呂志

世界史Ⅱ

心理・精神医学

331 異常の構造――木村敏
590 家族関係を考える――河合隼雄
725 リーダーシップの心理学――国分康孝
824 森田療法――岩井寛
1011 自己変革の心理学――伊藤順康
1020 アイデンティティの心理学 鑪幹八郎
1044 〈自己発見〉の心理学 国分康孝
1241 心のメッセージを聴く 池見陽
1289 軽症うつ病――笠原嘉
1348 自殺の心理学――高橋祥友
1372 〈むなしさ〉の心理学 諸富祥彦
1376 子どものトラウマ――西澤哲
1465 トランスパーソナル心理学入門――諸富祥彦
1625 精神科にできること 野村総一郎
1752 うつ病をなおす――野村総一郎
1787 人生に意味はあるか 諸富祥彦
1827 他人を見下す若者たち 速水敏彦
1922 発達障害の子どもたち――杉山登志郎
1962 親子という病――香山リカ
1984 いじめの構造――内藤朝雄
2008 関係する女 所有する男――斎藤環
2030 がんを生きる――佐々木常雄
2044 母親はなぜ生きづらいか――香山リカ
2062 人間関係のレッスン 向後善之
2076 子ども虐待――西澤哲
2085 言葉と脳と心――山鳥重
2090 親と子の愛情と戦略 柏木惠子
2101 〈不安な時代〉の精神病理――香山リカ
2105 はじめての認知療法――大野裕
2116 発達障害のいま――杉山登志郎
2119 動きが心をつくる――春木豊
2121 心のケア――加藤寛 最相葉月
2143 アサーション入門――平木典子
2160 自己愛な人たち――春日武彦
2180 パーソナリティ障害とは何か――牛島定信
2211 うつ病の現在――佐古泰司 飯島裕一
2231 精神医療ダークサイド 佐藤光展
2249 「若作りうつ」社会――熊代亨

知的生活のヒント

日本語・日本文化